CONSTRUA UMA CARREIRA DE SUCESSO

CONSTRUA UMA CARREIRA DE SUCESSO

Como crescer e empreender dentro de empresas

KOH DONGJIN
Ex-CEO da Samsung

Tradução
TÁSSIA MONTEIRO DE LUCENA

HARPER
BUSINESS

Rio de Janeiro, 2025

Copyright © 2023 por Koh Dongjin. Todos os direitos reservados.
Copyright da tradução © 2025 por Casa dos Livros Editora LTDA.
Todos os direitos reservados.

Título original: 일이란 무엇인가 by 고동진 / IRIRAN MUEOSINGA by Koh Dongjin

Publicado originalmente na Coreia pela Minumsa Publishing Co. Ltd., Seul.

Edição brasileira publicada mediante acordo com a Minumsa Publishing Co. Ltd., em associação com a The Grayhawk Agency Ltd., por intermédio da Agência Riff.

Todos os direitos desta publicação são reservados à Casa dos Livros Editora LTDA. Nenhuma parte desta obra pode ser apropriada e estocada em sistema de banco de dados ou processo similar, em qualquer forma ou meio, seja eletrônico, de fotocópia, gravação etc., sem a permissão dos detentores do copyright.

Copidesque	Ana Paula Souza
Revisão	Elisabete Franczak Branco e Juliana Ferreira da Costa
Design de capa	Estúdio Insólito
Projeto gráfico e diagramação	Juliana Ida

Dados Internacionais de Catalogação na Publicação (CIP)
(Câmara Brasileira do livro, SP, Brasil)

Koh Dongjin
 Construa uma carreira de sucesso: como crescer e empreender dentro de empresas / Koh Dongjin; tradução Tássia Monteiro de Lucena. – 1 ed. – Rio de Janeiro: Harper Business, 2025.

 Título original: 일이란 무엇인가
 ISBN 978-65-83532-01-5

 1. Atitude 2. Autogestão 3. Carreira profissional 4. Desenvolvimento profissional 5. Relacionamentos 6. Samsung (Empresa) 7. Sucesso profissional I. Título.

25-261032　　　　　　　　　　　　　　　　　　　　　　　　　　CDD-650.1

Índice para catálogo sistemático:

1. Sucesso profissional: Gestão de carreira: Administração 650.1

Eliete Marques da Silva - Bibliotecária - CRB-8/9380

Harper Business é uma marca licenciada à Casa dos Livros Editora LTDA. Todos os direitos reservados à Casa dos Livros Editora LTDA.

Rua da Quitanda, 86, sala 601A – Centro
Rio de Janeiro/RJ – CEP 20091-005
Tel.: (21) 3175-1030
www.harpercollins.com.br

SUMÁRIO

9 | PRÓLOGO: Para você que quer ter sucesso apenas por meio do trabalho

1. GESTÃO DE ATITUDE

23 | 1. A única arma de "uma pessoa que não tem nada"
33 | 2. Reset – Change – Be brave: a regra RCB
43 | 3. A Samsung pergunta: "Quem é o campeão?"
53 | 4. Segredos da criatividade: "pé" e "pista"
63 | 5. Até onde ir?
73 | 6. STM: três pontos para alcançar objetivos
83 | 7. "Dar seu melhor" é apenas um processo; prove "ser o melhor"

2. GESTÃO DE RESULTADOS

97 | 8. A única maneira de superar uma crise: a estratégia *baesujin* (tudo ou nada)
105 | 9. Não confunda "desconforto" com "ansiedade"
113 | 10. Dedicação sem resultados não tem sentido

121	11. Condições para o sucesso na era da IA: talento exponencial
131	12. Você tem SOP?
139	13. A força de rotação de quem é bom no trabalho
147	14. "Certa" *versus* "qualquer": personalização de perguntas
155	15. KISS: O segredo da escrita simples e clara

3. GESTÃO DE RELACIONAMENTOS

165	16. Relacionamentos também são uma habilidade: como abraçar as pessoas
173	17. Não reclame, apresente uma reclamação
181	18. Duas maneiras de converter um inimigo em aliado
189	19. Os três elementos de uma boa pessoa
197	20. Por que terminar é mais importante do que começar

4. GESTÃO DE ORIGEM

| 207 | 21. Entre "estabilidade" e "comodismo": o princípio P&C |

217	22. A base do trabalho é o resultado
225	23. Emprego vitalício *versus* carreira vitalícia
233	24. O julgamento é a força para seguir em frente
239	25. Fuga ou desafio? As condições para mudar de emprego

5. AUTOGESTÃO

249	26. As condições para se tornar um talento notável
259	27. Como encontrar uma resposta que não existe
269	28. Como ter olhos para ler os tempos
277	29. Desenvolva o core da sua mente
285	30. Descanso estratégico: descansar direito para trabalhar direito
293	31. Direito ao sucesso: o significado da autoavaliação
301	32. Família: fardo ou força?
307	33. Dez perguntas, dez respostas

| 315 | Agradecimentos |

PRÓLOGO
Para você que quer ter sucesso apenas por meio do trabalho

Era março de 2022. Participei pela última vez da assembleia geral de acionistas, e meus 38 anos de experiência na Samsung chegaram ao fim. Desde que entrei na empresa, em 1984, cada momento da minha vida era como um carro a mais de 200 km/hora. Porém, naquele mês de março, o ritmo começou a desacelerar. Depois de décadas dirigindo sem parar ou olhar para trás, de repente eu vi a vida fluindo mais devagar e quase não consegui manter o equilíbrio.

Assim como meus colegas seniores, eu também não me adaptei ao novo estilo de vida. As noites em claro se tornaram cada vez mais frequentes, e eu passava cada vez mais tempo me perguntando: "Como e por que eu, uma pessoa comum, consegui me tornar CEO da Samsung Electronics?". Essa reflexão me trouxe à mente as diversas perguntas que, até recentemente, colegas menos experientes faziam quando me pediam conselhos.

No início de 2019, já como presidente da Samsung Electronics, comecei a enviar e-mails internos uma ou duas vezes por mês, na esperança de mudar a cultura organizacional da empresa. E, a partir de 2021, passei a almoçar e conversar com os funcionários recém-contratados. Após a refeição, eles me faziam perguntas e eu as respondia, pois acreditava que era meu papel compartilhar meus pensamentos e preocupações com os talentos que moldarão o futuro da Samsung.

Assim, nossas conversas semanais foram se multiplicando. As perguntas eram variadas. Às vezes, eu ficava impressionado com as questões profundas; outras, ficava triste. Era uma pena que aqueles jovens não soubessem sequer o básico e precisassem perguntar para alguém, ao mesmo tempo que era frustrante perceber que havia poucos colegas experientes capazes de respondê-las. Nesse sentido, me senti grato por poder oferecer uma resposta.

Escrevi este livro para compartilhar as experiências que tive e os conhecimentos sobre os quais refleti ao longo de 38 anos de vida profissional. Ao mesmo tempo, é também uma resposta às perguntas que recebi dos meus colegas menos experientes nos últimos anos. Fiquei preocupado que minha história pudesse ser vista como "diferente e antiquada devido ao conflito de gerações", mas decidi não modificar nada. Como alguém que viveu aquela época, achei que o correto era transmiti-la com sinceridade. E eu também tive a convicção de que a geração atual não ouviria apenas o que lhe agradasse, e que teria *ongojishin*: a sabedoria para aprender com o passado e tomar decisões sensatas com base no presente.

O QUE É TRABALHO?

Antes de começar a história propriamente dita, gostaria de fazer uma pergunta:

O que trabalho significa para você?

Para alguns, o trabalho é apenas uma forma de ganhar a vida; para outros, é uma ferramenta de crescimento e sucesso. Varia de pessoa para pessoa e não há uma resposta certa. Basta encontrar a sua e seguir em frente. No meu caso, o trabalho era o caminho para o sucesso e, ao mesmo tempo, o objetivo em si.

Quando eu chefiava a divisão de dispositivos móveis (atual MX, ou Mobile Experience) na Samsung Electronics, contribuí para o lançamento e o sucesso do Galaxy S7, da série Galaxy Note e do Galaxy S10. Também apoiei o desenvolvimento do Samsung Pay, do Samsung Knox e da Bixby. Agora, olhando para trás, vejo que consegui conquistar algumas coisas, mas a verdade é que, antigamente, eu costumava não ter quase nada. Não consegui entrar nas chamadas universidades SKY[1] e, devido aos problemas financeiros em casa, decidi começar a trabalhar assim que terminei a escola.

Desde o momento em que entrei na Samsung, percebi minhas limitações. Mas, ainda que eu não tivesse absolutamente nada, era realmente necessário continuar assim? Tudo o que tinha era um corpo saudável, a personalidade herdada dos meus pais e um tanto de consideração pelos outros. Quando recebia meu salário, durante os primeiros seis ou sete anos de trabalho na empresa, ficava feliz só de comprar um saco de arroz e carvão. Todo mês, dizia para mim mesmo: "Algum dia superarei essa falta". Pode-se dizer que eu estava caminhando em direção à meta que havia estabelecido no ensino médio: "Quando eu tiver 40 anos, serei alguém que poderá comer *bulgogi*[2] quando quiser".

Depois de me casar, fiz uma promessa à minha esposa: "Vou me esforçar para não precisarmos nos preocupar com

---

1. O acrônimo se refere às três universidades mais prestigiadas da Coreia do Sul: Universidade Nacional de Seul, Universidade da Coreia e Universidade Yonsei. [N.T.]

2. Carne bovina grelhada. A carne é cortada em tiras, marinada e, então, grelhada. A carne, sobretudo a bovina, quase sempre tem significado simbólico para o sul-coreano. É um produto relativamente caro na Coreia e, nos anos 1990, era um luxo. Comer *bulgogi* quando quisesse seria sinônimo de prosperidade e liberdade financeira. [N.T.]

dinheiro depois dos 50 anos". Para cumprir essa promessa, me dediquei inteiramente ao trabalho. Nunca investi em ações ou imóveis para conseguir estabilidade financeira. Até fiz uma tentativa na época em que era subgerente, mas acabei perdendo tudo e, desde então, nunca mais me envolvi com essas coisas. Claro, eu também não tinha dinheiro para ficar investindo. Todo meu patrimônio é fruto dos salários e dos bônus que recebi da Samsung.

Desde o momento em que entrei na empresa, meu objetivo era ser presidente. *O segredo do sucesso, para mim, que não tinha nada, era o trabalho, e eu só queria alcançar o sucesso por meio dele.* Era natural eu querer ser presidente, o cargo mais alto. Claro, algumas pessoas podem sentir que se tornar presidente é um objetivo distante. Outras podem querer definir metas diferentes. O que quero dizer é que ter sucesso no trabalho não significa necessariamente chegar ao cargo mais alto. O importante é que cada pessoa tenha clareza sobre o que deseja alcançar e persiga esse objetivo com firmeza.

"CRISE É OUTRO NOME PARA OPORTUNIDADE"

Em 2015, finalmente me tornei presidente. Claro, o processo não foi nada fácil. Em 2006, perdi a audição do ouvido esquerdo e enfrentei alguns dos maiores desafios da minha vida fora do trabalho. Além de tudo, a descontinuação do Galaxy Note 7, em 2016, foi uma crise sem igual, que abalou todos os esforços feitos até então. Mas essas inúmeras crises também se revelaram incontáveis oportunidades.

A máxima "Crise é outro nome para oportunidade" soa clichê, provavelmente, porque já a ouvimos muitas vezes. Mas, e se pensarmos nela de forma diferente? Talvez o motivo de tantas pessoas repetirem essa frase com frequência seja porque ela é muito importante. Sempre que queria desistir de alguma coisa, eu repetia meu nome sem parar e me perguntava: "Koh Dongjin, você vai desistir agora? Tem certeza de que não vai se arrepender? Está certo de sua escolha?"

Depois que tomo uma decisão, não olho para trás. Uma vez decidido, o único caminho é em frente. Mesmo que eu tivesse saído da Samsung por algum motivo, provavelmente não teria me arrependido, porque haveria uma razão para essa escolha. Mas, no final, tomei a decisão certa de continuar, mesmo após ter perdido a audição e ser aconselhado por minha esposa a deixar o emprego. De todo modo, trabalhei lá por mais dezessete anos (falarei mais sobre a descontinuação da linha Samsung Note nas próximas páginas).

Mesmo depois de deixar o cargo de CEO e me tornar consultor, eu seguia me perguntando: "Koh Dongjin, o que você quer fazer a partir de agora? O que é importante para você?". Então, a resposta surgiu dentro de mim. Senti que tinha que fazer algo pelas pessoas que eu mais respeitava: os colegas menos experientes. A Samsung tem funcionários excelentes. Embora sejam juniores, muitos são bem mais talentosos e melhores do que eu. Portanto, eu não poderia deixar de ouvir com humildade o que eles tinham a dizer. Ouvi-los me dava a oportunidade de conhecer e aprender as últimas tendências, o que o público deseja e o que é inovador. Todos eles foram mestres para mim.

Por isso, comecei a postar as respostas às suas dúvidas nos canais de comunicação interna. Se a intenção era dialogar, primeiro eu precisava entender o que eles estavam pensando e o que os interessava. Dessa forma, tive a oportunidade de interagir não apenas com esses jovens, mas também com novos funcionários. Como naquele momento as coisas eram um pouco mais flexíveis, tive a ideia de encontrá-los pessoalmente. Por cerca de um ano, organizei encontros, uma ou duas vezes por semana, para conversar com os recém-contratados. Os encontros com funcionários mais juniores eram separados, e pude dar-lhes conselhos baseados na minha experiência.

Este livro é uma compilação das perguntas e respostas registradas naquela época. Questões pessoais foram excluídas, e as respostas curtas, que precisavam ser assim devido ao tempo limitado dos encontros, foram exploradas com mais detalhes. Na verdade, no início, eu não tinha intenção de reuni-las em um livro. Porém, durante uma viagem de negócios aos Estados Unidos em 2022, li o resumo elaborado pela equipe de recursos humanos e, de repente, tive a seguinte ideia: e se eu organizasse um livro com as várias histórias que compartilhei com esses colegas ao longo da minha vida profissional? Pensei que outros tantos profissionais talvez pudessem ter as mesmas dúvidas.

Para ser sincero, estou nervoso. Meus amigos da Samsung sabem quem eu sou. Eles conhecem meu trabalho, e por isso se importavam com o que eu tinha a dizer. Mas será que minhas palavras serão bem recebidas por aqueles que não me conhecem? Mesmo com esse receio, decidi publicar o livro, porque pretendo viver minha segunda vida como mentor e coach, tentando diferentes abordagens e ajudando as pessoas a alcançarem sucesso em suas carreiras.

Existem empreendedores e pequenos empresários, mas a razão pela qual dedico mais atenção aos funcionários é porque, muitas vezes, as pessoas não percebem quão valiosas são para as empresas e até para a economia nacional. Elas não devem ser menosprezadas por palavras como "reféns da empresa" ou "reféns do salário". São pessoas incríveis, que vivem com sinceridade e determinação, sempre dando o melhor de si. São pessoas que merecem respeito. Quero ser um mentor para esses colegas mais jovens, ajudando-os a viver como profissionais saudáveis pelos próximos trinta ou quarenta anos. Essa esperança e esses pensamentos têm clareado minha mente nos últimos tempos. Não sei qual será o resultado, mas o simples fato de ter decidido tentar algo novo e dar o primeiro passo tem sido uma grande fonte de motivação para mim, também funcionário de empresa.

A FORÇA PARA SUPORTAR O TRABALHO

Quando falo da minha experiência, o que me deixa um pouco decepcionado é o fato de só ter trabalhado em uma empresa, ao mesmo tempo, o que me orgulha é justamente o fato de só ter trabalhado na mesma empresa. Como sempre trabalhei na Samsung, a amplitude da minha experiência pode parecer limitada; por outro lado, acredito que a profundidade dessa experiência seja bem maior.

Herdei do meu pai toda minha diligência e sinceridade. Da minha mãe, sabedoria e consideração. Os dois foram ótimas pessoas. A única vez que vi meu pai levantando a voz foi quando eu estava no ensino fundamental e reclamei da obra de ampliação da casa ao lado, que estava deixando a nossa mais escura. A outra única vez que vi meu pai exaltado foi em defesa da nossa família. Ele nunca levantou a voz para nós.

Mesmo tendo recebido bons exemplos de meus pais, não consegui me tornar uma pessoa tão boa quanto deveria. Quando passei a ocupar cargos de liderança e tomar decisões, muitas vezes eu repreendia minha equipe e, devido à minha personalidade impaciente, também pressionava os demais funcionários. Mas isso não refletia quem eu era por dentro. Especialmente depois de me tornar vice-presidente, me esforcei para ser o mais gentil possível. Naquela época, as pessoas com quem eu mais me preocupava e tinha cautela não eram meus superiores ou colegas de cargos altos, mas aqueles que estavam em posições abaixo da minha na hierarquia. Isso porque, antes de me tornar CEO, fui subordinado por mais tempo do que qualquer outra pessoa, então sabia perfeitamente como era estar nesse lugar.

Seja no passado ou agora, nunca gostei de pessoas que tratam subordinados com desrespeito ou que os ferem com palavras afiadas. Acredito que a cultura baseada na discriminação deva desaparecer. Aquela em que, sob a fachada de humildade, as pessoas se mostram comedidas diante de superiores, mas não praticam o mesmo respeito com os subordinados, porque os títulos e as formas de tratamento variam dependendo da idade e da posição hierárquica. Uma organização só consegue se desenvolver quando superiores e subordinados podem conversar abertamente, de igual para igual.

Acho que esse sentimento dentro de mim se transformou em um forte princípio, e eu o devo a meus pais, que sempre valorizaram e trataram os outros com respeito — especialmente minha mãe, que nunca deixou de chorar pela dor alheia. Ser uma pessoa atenciosa, que cumpre as promessas feitas aos outros ou a si mesma, passou a ser meu princípio e a força que me ajudou a seguir em frente na vida profissional. É claro que não posso deixar de mencionar o apoio dos muitos colegas de trabalho, seniores e juniores, que acreditaram em mim e me inspiraram a chegar até aqui. Não posso me esquecer do apoio constante dos meus pais e irmãos, da minha esposa, que é a verdadeira "chefe" da minha vida, e dos meus dois filhos, que são como amigos para mim.

Tudo isso foi o alicerce que me ajudou a suportar os momentos difíceis e, ao mesmo tempo, a razão pela qual continuei trabalhando. Se este livro puder, de alguma forma, ser algum tipo de motivação para vocês, já terá valido a pena. Se, por meio dele, algumas pessoas conseguirem encontrar a chave para resolver um problema preocupante ou difícil, ou se receberem conforto, inspiração, consolo e incentivo, acho que já será uma imensa alegria para mim.

Julho de 2023

Koh Dongjin

1. GESTÃO DE ATITUDE: 若烹小鮮[3]

---

[3]. Provérbio chinês, lido em coreano como *yakpaengsoseon*: "Se, ao cozinhar um peixe pequeno, você ficar virando-o o tempo todo, ele vai se despedaçar e perder a forma, então, é melhor deixá-lo em paz". Da mesma maneira, no trabalho, você não deve se deixar influenciar por pequenas mudanças, mas acreditar, esperar e seguir em frente com confiança.

Acredito que o equilíbrio entre vida pessoal e profissional é absolutamente necessário. No entanto, meu conceito de equilíbrio é um pouco diferente da definição comum. Para mim, significa "investir no trabalho e na vida pessoal de forma equilibrada para alcançar os objetivos desejados". Em outras palavras, significa pensar, perseguir e trabalhar em prol dos meus objetivos, no trabalho ou fora dele.

1.
A única arma de "uma pessoa que não tem nada"

> **Por onde deveria começar "uma pessoa que não tem nada"?**
>
> Durante a fase dos 20 e 30 anos, eu também culpei minha falta de qualificação e de recursos. No entanto, depois que percebi que essa atitude só me destruía e não me ajudava em nada, mudei minha forma de pensar. Todo mundo conhece a história da luta entre Davi e Golias. Davi, que não tinha nada além de uma pedra, conseguiu derrotar Golias, que estava armado com lança e escudo. Mesmo que uma pessoa não tenha nada, será que ela não teria pelo menos uma pedra, como Davi?

QUANTAS HORAS VOCÊ ESTÁ VIVENDO HOJE?

Isso aconteceu na Consumer Electronics Show (CES) de 2020. O CEO de uma das maiores empresas do México perguntou se poderia levar seu filho para o jantar, eu concordei prontamente. Em certo momento, ele me perguntou:
— Como você se tornou CEO?
Respondi com sinceridade:
— Eu era pobre e não tinha absolutamente nada. Não tinha alternativa a não ser sobreviver, então dei o melhor de mim a cada momento na Samsung. Anos depois, acabei chegando a esta posição.

Provavelmente, o executivo queria usar minha história para ensinar ao filho, que sempre teve de tudo, a importância do trabalho duro e o segredo do sucesso.

Eu comecei sem nada. Na verdade, seria mentira dizer que não tinha nada. Tinha algumas coisas. Embora as pessoas tenham rosto, personalidade e habilidades diferentes, todas nascem com algo em comum: o corpo, a mente e o tempo.

Você provavelmente já ouviu a frase "O tempo é igual para todos". É tão repetida que já se tornou até um pouco cansativa. Mas o fato de que essa frase tem sido dita e repetida há tanto tempo não é a prova mais clara de que é verdadeira?

Acredito que o tempo é a única arma que "uma pessoa que não tem nada" pode ter. Se você não sabe por onde ou como começar, porque tem formação acadêmica insuficiente, poucas habilidades ou não tem nada, ==você deve começar pelo tempo, ou, mais precisamente, pela gestão do tempo.==

Todos nós começamos o dia com 24 horas nas mãos. E, dependendo de como são usadas, a diferença entre as pessoas vai se acentuando. Alguns usam as 24 como se fossem 25 horas; outros, como se fossem 23. A princípio, pode parecer apenas uma diferença de uma hora, mas, à medida que o tempo passa, essa uma hora se transforma em um dia, um mês, um ano. E quanto maior a distância, mais difícil acompanhar.

Quer você seja um novo funcionário, que acabou de ingressar numa empresa, ou o dono de uma startup com grandes ambições, todos enfrentam o mesmo começo, porque ainda não têm qualquer experiência. Quer tenham muitos ou poucos recursos, inevitavelmente irão se deparar com o "desconhecido". O que é novo ou desconhecido é difícil para qualquer um; todos enfrentam as mesmas dificuldades. Exceto aqueles que têm um talento excepcional, a pessoa que dedica mais tempo e esforço é a que vai superar as dificuldades mais rapidamente.

Na verdade, nenhuma empresa atribui a novos funcionários tarefas de alto nível. Ela dá um tempo para eles se acostumarem com a função e observa quanto crescem nesse período. E, com base nisso, o caminho dos funcionários será determinado. Ou seja, a partir do momento que você começa, tudo depende de você. E o fator que determina o que você fará dali para a frente é, justamente, o tempo. Dito isso, eu gostaria de fazer uma pergunta: quantas horas você está vivendo hoje?

UMA TO-DO LIST QUE ESTIMULA O DESENVOLVIMENTO

No início da minha carreira, eu não marcava nenhum compromisso pessoal nas manhãs de segunda a sábado. Pelo menos nos primeiros seis ou sete anos, eu estava muito ocupado pensando e praticando formas de dividir e investir meu tempo para crescer. Ou seja, coloquei toda a minha energia e tempo no trabalho. Vivíamos uma época em que não se dava importância ao equilíbrio entre vida pessoal e profissional como hoje em dia, e era comum fazer horas extras até as 22 ou 23 horas, se houvesse muito trabalho. Talvez por isso eu tenha me concentrado ainda mais e me entregado de corpo e alma ao trabalho. Mesmo aos domingos, eu mais trabalhava do que descansava. De qualquer forma, optei pela estratégia de aproveitar ao máximo o tempo, que era praticamente o único recurso que eu tinha, e funcionou.

Claro, isso não significa que você deve apenas trabalhar incansavelmente. Viver apenas em função do trabalho, como um hamster correndo em uma roda, dificulta o gerenciamento de tempo. Quando você fica totalmente imerso no trabalho, pode cair em um eterno ciclo monótono e, assim, tornar-se relaxado e negligente com suas responsabilidades. Foi por isso que, nessa época, comecei a usar uma to-do list. Antes de sair do trabalho, organizava minhas tarefas para o dia seguinte, por hora. Depois, ao final do dia, avaliava quanto havia conseguido cumprir.

Nos primeiros dois ou três meses de trabalho, meu relatório de desempenho foi absolutamente terrível. Isso porque, por mais que quisesse dar uma nota generosa a mim mesmo, não era possível. Muitas vezes, eu achava que finalizaria uma tarefa em uma hora, mas sequer terminava no mesmo dia. Esquecia-me de um detalhe importante: no dia a dia no escritório, nunca há apenas o "meu trabalho". Meus planos iam por água abaixo o tempo inteiro devido a novas tarefas exigidas pelo chefe, problemas inesperados ou até atividades que eram transferidas para mim sem aviso prévio. Depois de várias tentativas e erros, comecei a adicionar à lista não apenas as minhas tarefas, mas também planos para lidar com imprevistos. Dessa forma, meu desempenho foi melhorando, até atingir seu máximo. Eu finalmente tinha aprendido a gerenciar meu próprio tempo.

A avaliação que construí para mim ao longo dos anos tornou-se, mais tarde, a base do "modelo de gestão descentralizada" implementado pela Samsung. Na época, ao compartilhar as avaliações com os colegas com quem trabalhava, pudemos revisar nosso desempenho juntos e usar isso como uma oportunidade de desenvolvimento.

◎ ◎ ◎

Digamos que você não tem absolutamente nada, que está abaixo de uma bola de pingue-pongue. Acima dela há, sucessivamente, uma bola de tênis, uma de beisebol, uma de vôlei, uma de basquete e, por fim, uma bola suíça. Quando você está abaixo da bola de pingue-pongue, ela parece ser o mundo inteiro. No entanto, quando você sobe para a de tênis, vê que um mundo maior espera por você; e à medida que vai subindo, vê mundos maiores ainda. A vida profissional e a pessoal são assim. Se não houver um mundo maior à sua frente, seu ritmo de crescimento pode desacelerar sem que você perceba. Se, no período de três a seis meses, você não receber novas responsabilidades, trabalhos desafiadores ou tarefas especiais (como projetos extras etc.), ou seja, se não tiver a oportunidade de avançar para um "mundo maior", algo pode estar errado.

Uma empresa é um organismo vivo, dinâmico e em constante movimento. Portanto, se você não receber novos desafios por três a seis meses, enquanto seus colegas estiverem ocupados com novas responsabilidades, é importante fazer uma autoavaliação e verificar se há algo de errado. Uma lista de tarefas, caso a tenha, será de grande ajuda nessa autoavaliação.

PARA QUEM TRABALHA, CONDIÇÃO FÍSICA TAMBÉM É HABILIDADE

Hoje em dia, muitas pessoas fazem intercâmbio ou estudam outros idiomas no exterior, e mesmo que elas não viajem para fora, podem facilmente aprender outros idiomas no próprio país. Mas as coisas eram diferentes na década de 1980. Estudar uma língua estrangeira, que dirá ir para o exterior, não era tarefa fácil. Intuitivamente, eu costumava pensar: "Se eu souber inglês, qualquer oportunidade se abrirá para mim". E a partir daí me dediquei ao estudo do idioma. Se a gestão do tempo era uma estratégia para utilizar "de forma única" um recurso que era comum a todos, melhorar as minhas competências linguísticas era uma estratégia para alcançar uma "diferenciação clara".

Como comecei a trabalhar assim que terminei a escola, eu não podia nem sonhar com um curso de idiomas no exterior. E nem seria possível conciliar trabalho e estudos. Então, nas tardes de sábado, eu frequentava comunidades em Itaewon ou Yongsan, onde moravam as famílias de militares estadunidenses, e aproveitava para melhorar a conversação. Eu sentia que deveria, de alguma forma, compensar o que fosse possível com meus próprios esforços, para não me arrepender depois. Se fosse dinheiro, eu poderia perdê-lo, ser roubado e acabar de mãos vazias novamente, mas o conhecimento que levo comigo nunca poderá ser perdido ou tirado de mim, e eu não poderia ter feito investimento melhor. O estudo de idiomas continuou mesmo depois que me casei, e tenho dedicado meus fins de semana a esse aprendizado.

Após sete ou oito anos, a empresa me deu a oportunidade de fazer mestrado no Reino Unido. Provavelmente, porque puderam me observar por bastante tempo. Quando entramos em um novo trabalho, nossa formação acadêmica e especialização se destacam. Porém, com o passar do tempo, essas condições iniciais vão perdendo a importância, e o que realmente se nota são os esforços e resultados que entregamos. E, então, para conseguir um "desenvolvimento" ainda maior, a empresa "recompensa" os funcionários pelo "bom desempenho". Foi por isso que tive a oportunidade de estudar no exterior.

Imagine comigo: estudar enquanto os outros dormem, suportar o cansaço e, em vez de ir embora como todo mundo, ficar até depois do horário para resolver os problemas... Foram essas horas a mais, dia após dia, durante mais de oito anos, que fizeram a diferença. Depois de vários anos de muito esforço, ainda relativamente jovem, consegui alcançar um cargo inicial de liderança na Samsung e deixei de ser alguém que se lamentava dizendo "Não tenho nada" para me tornar alguém que pensa "Agora, eu tenho alguma coisa".

Há algo que quero destacar aqui: é importante se esforçar no trabalho e até sacrificar o sono para estudar uma língua estrangeira, mas nunca devemos descuidar da saúde nesse processo. Para quem trabalha, condição física também é habilidade. Se você não tiver uma boa condição física, acabará não conseguindo realizar o que precisa, mesmo que queira.

Na verdade, a coisa mais importante e a única que você pode controlar é sua saúde, tanto a física quanto a mental. Contanto que você esteja saudável física e mentalmente, mantendo-se firme, sem se desgastar, poderá ascender a um cargo de gestão na empresa. E até mesmo o cuidado com a saúde, trivial à primeira vista, é muito mais do que parece.

Veja: cuidar da saúde exige esforço constante, todos os dias, semanas, meses e anos. Saúde é algo que pode ser perdido em um instante, mas que não se constrói do dia para a noite. Em outras palavras, para ser saudável, é necessário ter autodisciplina. E pessoas que a têm, naturalmente, são mais dedicadas e comprometidas. Saúde, autodisciplina e dedicação — são todos elementos conectados.

Quando ocupava cargos mais iniciais, fiz de tudo para garantir uma boa condição física, para que, independentemente da tarefa que me fosse atribuída, minha saúde não fosse desculpa para não poder realizá-la. Eu me exercitava regularmente e sempre pedia à minha mãe que preparasse pratos fortificantes, como frango cozido com raiz de astrágalo. Na época, gastava cerca de 10% do meu salário com minha saúde física e mental. Claro que não foi fácil, dadas as circunstâncias, mas foi um investimento que fiz em meu próprio crescimento e desenvolvimento.

◉◉◉

Se desde o início eu tivesse muito, provavelmente não teria me esforçado tanto. Viveria uma vida mais tranquila, aproveitando de pouquinho em pouquinho o que tivesse. Talvez o desespero causado pelo nada tenha me feito pensar: "Vou começar pela saúde e pelo tempo, que são as únicas coisas que posso controlar". Foi o nada que me fez decidir construir dentro de mim algo que ninguém pudesse tirar. Caso haja alguém pensando "Mas eu não tenho nada", eu gostaria de dizer o seguinte: "Não ter nada" pode ser uma condição e uma realidade hoje, mas amanhã será o resultado das escolhas que você fizer.

2.
Reset – Change – Be brave: a regra RCB

> **O que é preciso para ter sucesso no trabalho?**
>
> A vida profissional não é uma corrida de curta distância, na qual você consegue resultados em um curto espaço de tempo, mas uma maratona, em que você precisa correr incansavelmente por muito tempo para cruzar a linha de chegada. Os maratonistas não se limitam a desenvolver uma forte resistência física; eles também planejam minuciosamente o ritmo e as estratégias para cada parte do percurso. Da mesma forma, os trabalhadores também precisam de uma estratégia. É aí que entra a regra RCB.

RESET: REINICIE OS PENSAMENTOS

Quando você começa sua carreira, a primeira coisa que precisa fazer é "reiniciar o pensamento". Isso significa deixar de lado toda a sua história e condições anteriores, incluindo em que universidade se formou, as notas que obteve, os cursos que fez e até mesmo sua situação familiar. Você tem que começar do zero. Em outras palavras, tudo bem se sua formação acadêmica não for tão boa, se não tiver grandes qualificações ou se vier de uma família que atravessa dificuldades. Não importa se sua situação antes de ingressar na empresa era boa ou ruim.

A vida profissional é uma maratona. Quando entram em uma empresa, todos os novos funcionários começam no mesmo ponto de largada. Portanto, não há razão para se apegar ao que aconteceu antes. Reset! O começo da vida corporativa é uma reinicialização. É necessário reiniciar sua vida, sua mentalidade, suas atitudes e se ajustar à nova realidade como profissional.

◎◎◎

Como todos sabem, uma maratona é uma corrida de 42,195 quilômetros. Não há nenhuma garantia de que quem começa melhor vencerá no final. Na verdade, se você acelerar demais no início, provavelmente ficará sem fôlego no meio do caminho. O atleta que controla bem o ritmo e se ajusta às condições do percurso é que chega primeiro ao final e recebe a glória da vitória. O mesmo vale para a vida corporativa. Não há garantia alguma de que uma pessoa que brilha no início da carreira continuará sendo promovida e tendo sucesso. É um mundo no qual quem segue uma estratégia consistente e continua crescendo e apresentando bom desempenho, ainda que de forma gradual, ri por último.

As fases da vida profissional são geralmente divididas em três: a partir dos 20 anos, a partir dos 30 anos e a partir dos 40 anos. Mas, pela minha experiência, é mais eficiente dividi-las da seguinte forma: da metade dos 20 anos até a metade dos 30 anos; entre a metade dos 30 anos e a metade dos 40 anos; e da metade dos 40 anos em diante. E há um requisito comum que elas devem cumprir: a saúde. Se não tiver uma boa condição física, você não conseguirá dar o melhor no trabalho, mesmo que queira. Continuarei abordando a importância da saúde, mas, por agora, vou me concentrar em outros fatores essenciais.

CHANGE: DUAS MUDANÇAS PARA O CRESCIMENTO

Primeiro, vejamos: dos 20 aos 30 anos, uma pessoa já deve ter de cinco a dez anos de experiência no mercado de trabalho. Esse é o momento em que ela é avaliada com base em sua atitude, habilidade e desempenho. Como diz o ditado, "Um bom começo é a metade", e essa é uma fase tão importante que, sem dúvida, deve receber 50% de peso. Isso porque a imagem que se forma nela dificilmente mudará depois. Além disso, se administrar bem essa etapa, as próximas serão relativamente mais fáceis.

Nesse momento é necessária uma "mudança de atitude". E a atitude que se deve ter é comprometimento. Não importa quão bom você tenha sido na escola, estudo e trabalho costumam ser coisas bem diferentes. Como todos os recém-contratados estão começando a aprender suas funções, as diferenças de habilidade não são tão grandes. No final, sua atitude em relação ao trabalho é o que determinará sua avaliação.

Se você não tiver responsabilidade com horários de entrada e saída, não ouvir o que dizem os superiores e for descuidado com as tarefas, seu futuro após os 30 anos não estará garantido. Nenhuma empresa oferecerá oportunidades de crescimento a uma pessoa que não demonstra vontade de aprender e que não se esforça. Se você é preguiçoso por natureza, precisa mudar. Se a diligência ainda não faz parte de você, pelo menos se esforce para fingir que faz. ==Uma empresa não é uma escola. Não há tempo nem razão para a empresa mimar==

e dar um empurrãozinho em alguém que não consegue avançar, ou que não está preparado para isso.

O ritmo de trabalho é intenso e pode ser difícil acompanhar. No entanto, se você encarar isso como uma oportunidade de autodesenvolvimento e trabalhar com dedicação, com certeza, em algum momento, verá quanto cresceu e caminhou, e estará pronto para dar o próximo passo.

A partir dos 30 e poucos anos, a maioria dos profissionais vivencia uma segunda fase de mudança. Se você passou com sucesso pela etapa anterior, agora deve se preparar bem para esse novo momento, a fim de ter uma carreira mais sólida e duradoura. Mesmo que você não tenha se saído bem na primeira fase, há uma chance de compensar isso — e pode ser que seja a última.

Nessa etapa, é hora de adquirir o conhecimento técnico e a sabedoria necessários ao trabalho, bem como uma gama mais ampla de experiências. Além disso, você deve conquistar o reconhecimento dos colegas, o respeito dos que estão abaixo de você e a confiança de superiores e parceiros. É claro que uma pessoa que não se dedicou na fase anterior não irá adquirir repentinamente todas essas qualidades só porque está na casa dos 30 anos. Somente aqueles que, ao longo da jornada, construíram uma boa reputação por meio da dedicação e do comprometimento poderão colher os frutos dos seus esforços.

As pessoas que se empenharam diligentemente não só terão, aos 30, a profundidade de conhecimento profissional necessária para o trabalho, como também uma visão expandida para áreas relacionadas. Se você está nessa fase da carreira e não sabe se está indo bem, tente refletir sobre como se comporta durante as reuniões de trabalho. Se precisa da ajuda de alguém em reuniões com outros departamentos ou parceiros externos, talvez seja um sinal de que você tem conhecimento especializado, mas ainda não ampliou sua visão para as áreas relacionadas. Claro, é impossível dominar todas as áreas da empresa. No entanto, é fundamental ter informações e conhecimentos suficientes para se comunicar com eficiência nas reuniões. Isso significa expandir horizontes de forma ativa, seja consultando materiais de apoio, livros especializados ou colegas mais experientes e superiores.

Em outras palavras, nessa fase, é necessária uma "mudança de competências". No entanto, há um erro muito comum cometido durante esse período: insistir nos métodos e atitudes. Como não houve nenhum problema até agora, não há necessidade de mudar, certo? Mas é hora de fazer um upgrade. Não basta apenas trabalhar duro e ser bom no que faz; é preciso aprofundar os conhecimentos e ampliar as habilidades. As pessoas que crescem dessa forma, no início, podem deixar os colegas desconfortáveis, mas eventualmente acabam sendo reconhecidas e respeitadas por todos, alcançando um novo nível em seu desenvolvimento profissional.

Uma coisa para ter em mente é que, durante essa fase, você será avaliado dentro e fora da empresa. Portanto, é essencial cuidar da sua reputação. Dentro da empresa, colegas mais próximos podem lhe dar um toque sobre seu comportamento, ou até mesmo o departamento de RH pode marcar uma reunião com você para sugerir melhorias. Porém, fora da empresa, mal-entendidos podem começar a circular como rumores e serem tomados como verdade por quem os escuta.

Pode ser um pouco injusto, mas você deve aceitar que os comentários externos são um reflexo de como as pessoas te enxergam naquele momento. Essa é a "chance de compensar" que mencionei antes. Se você aceitar críticas construtivas sobre sua atitude, corrigi-la e melhorá-la, poderá enfrentar condições muito melhores depois dos 40 anos.

BE BRAVE: AVANCE COM CORAGEM

A partir dos 20 anos, você busca mudar pensamentos e atitudes, dedicando-se ao autodesenvolvimento. A partir dos 30 anos, você expande seus horizontes, fortalecendo o conhecimento e a sabedoria profissional. A partir dos

40 anos, você alcança a evolução final. É o momento de completude da sua trajetória profissional.

O que importa agora é a coragem. A partir dos 40 anos, você deve perseguir seus objetivos com coragem para consolidar sua identidade profissional. Coragem é não se deixar abalar por grandes ou pequenas dificuldades, manter o foco, distinguir o pessoal do profissional e não se prender a ganhos imediatos. Como é uma fase de estabilidade financeira para a maioria, cabe praticar o princípio *muhangsan muhangshim*: sem estabilidade financeira, sem estabilidade mental.

Nessa fase, você terá que tomar decisões importantes em muitos momentos. Os funcionários menos experientes podem ficar responsáveis por tarefas rotineiras ou de menor relevância, enquanto você lida com situações que exigem uma visão mais ampla e decisões estratégicas. Cinquenta por cento do trabalho caminhará bem se você tomar decisões na hora certa e oferecer incentivo e apoio. Os 50% restantes exigirão que você observe com cuidado e só tome decisões depois de ouvir mais de uma opinião. E a atitude que você deve ter para lidar com esses 50% é a coragem.

Para não se deixar levar pelas dificuldades ou pela ganância por pequenos ganhos, você deve assumir com firmeza a responsabilidade por suas decisões. O objetivo de todo trabalho é "produzir resultados". No mundo profissional, se você não entregar resultados, é provável que seu esforço e sua dedicação não sejam reconhecidos. No entanto, dependendo da situação, os planos podem não correr como esperado. Nesse caso, é importante tomar as medidas necessárias e rever a estratégia, mas também é preciso saber como avançar com o plano original, sem comprometer o objetivo do trabalho. Se você ficar recalculando a rota constantemente, seus subordinados ficarão inseguros. Eliminar essa insegurança e seguir em frente com coragem é responsabilidade de quem está nessa fase. Além disso, quando os resultados forem positivos, também é importante ter um coração generoso para dar o crédito a outros envolvidos.

No clássico *Tao Te Ching: o livro do caminho e da virtude*, há a seguinte expressão: "Governar um grande país é como cozinhar um peixe pequeno", ou seja, ao estabelecer determinada política, é necessário ser paciente e observar antes de agir, esperando com calma. Se, ao cozinhar um peixe pequeno, você ficar virando-o o tempo todo, ele vai se despedaçar e perder a forma, então, é melhor deixá-lo em paz. Pessoas que atingiram certa posição devem trabalhar assim.

Em particular, os líderes, durante essa fase, devem saber ser atenciosos. A indiferença e o cinismo são culturas ruins que devem ser eliminadas de uma organização. Sem um coração atencioso, as pessoas se tornam indiferentes e cínicas em relação aos outros. Como resultado, a comunicação dentro da organização diminui drasticamente, criando-se egoísmo, silos organizacionais e, em última análise, grandes muros entre os departamentos.

A indiferença e o cinismo são ruins, mas se um líder mostrar favoritismo a um subordinado em particular, isso quebra a comunicação e destrói a organização. Um verdadeiro líder é alguém que demonstra atenção e consideração por todos.

◉◉◉

Se você quer ter sucesso apenas por meio do trabalho e ser o melhor na sua área, lembre-se da regra RCB. Se seguir esses três passos, pode ter certeza de que, após uma longa maratona, será você quem sorrirá vitoriosamente na linha de chegada.

3.
A Samsung pergunta: "Quem é o campeão?"

> **Qual objetivo a empresa deve almejar?**
>
> Uma empresa não é uma matéria inorgânica e estática, mas um organismo vivo e em constante movimento, o que significa que você precisa ser flexível e estar disposto a evoluir e mudar com a empresa à medida que ela continua a se desenvolver e mudar. Isso exige uma "mentalidade de campeão". Não mire apenas no cargo de gerente. Se você deseja um sucesso maior, deve sonhar em se tornar um campeão.

NÃO EXISTE "MEU TRABALHO" OU "SEU TRABALHO", APENAS "TRABALHO DA EMPRESA"

Na Samsung, todo mundo sabe quem é o responsável.

No entanto, muitas vezes a pergunta "Quem é o campeão" surgia.

Questionar quem é o responsável, em geral, costuma estar relacionado a ações corretivas. Significa procurar alguém para atribuir a culpa após um problema. Contudo, repreender o responsável não faz o problema desaparecer. O importante é evitar as adversidades, ou seja, exercer a gestão de riscos. Por outro lado, "Quem é o campeão?" é uma pergunta que se refere a quem vê o quadro geral, prevê problemas, detecta e enfrenta os riscos com antecedência, conclui as tarefas até o fim e produz resultados.

Acredito que quem deseja ser bem-sucedido no trabalho deve ter como objetivo ser um campeão. Um campeão é alguém que vê o panorama geral do início ao fim. É aquele que promove o crescimento da empresa por meio de seu próprio crescimento. Ao mesmo tempo, é uma pessoa que utiliza o desenvolvimento da empresa como motor para sua própria evolução. Ou seja, coexiste com a empresa.

Antes de entrar no que é preciso para se tornar um campeão, gostaria de fazer duas perguntas: o que você acredita que é responsabilidade da empresa? E até onde você acha que vai a sua?

Independentemente do tamanho, a maioria das empresas tem algo chamado análise de cargos. É uma descrição do que cada departamento deve fazer, mas não é 100% detalhada. Ela organiza cerca de 60% a 70% das tarefas.

Numa empresa, muitas funções e departamentos estão interligados, por isso, mesmo que haja uma divisão de tarefas, não é fácil traçar uma linha clara entre "meu trabalho" e "seu trabalho". Se alguém deixa algo de lado, outra pessoa tem que compensar, e, se alguém comete um erro, precisa haver alguém para corrigir. Por isso, é inevitável que um funcionário novato ou com pouca experiência se pergunte: "Até onde eu devo ir?".

Uma empresa não é um lugar onde você trabalha sozinho. Para ser mais preciso, é um local onde não há distinção entre o "meu trabalho" e o "trabalho do outro". Não existe "meu trabalho" ou "trabalho do outro", existe apenas "trabalho da empresa". Em outras palavras, a ideia de que "meu trabalho = trabalho da empresa" é a primeira condição para se tornar um campeão.

"POR QUE EU?" *VERSUS* "SE NÃO EU, QUEM?"

Depois de terminar meus estudos no Reino Unido e ser designado para o departamento de recursos humanos, minha primeira tarefa foi organizar e apoiar um evento. Eu não estava familiarizado com a área de recursos humanos, e o apoio a eventos era ainda mais desconhecido para mim. Mas eu nunca pensei: "Por que eu?". Em vez disso, encarei com a mentalidade de um novo funcionário em fase de treinamento e dei meu melhor, pensando: "Se não eu, quem?".

No processo, pude interagir com pessoas de diversos departamentos e construir bons relacionamentos com elas. Mais tarde, esses relacionamentos tornaram-se grandes parceiros em tarefas importantes do departamento de recursos humanos. As conexões que fazemos na empresa e as experiências que ganhamos no trabalho voltam para nós de uma forma ou de outra. No final, o que realmente impulsiona nosso crescimento pessoal é a dedicação que colocamos até mesmo nas pequenas coisas.

Aconteceu o mesmo quando me mudei e comecei a trabalhar no Reino Unido, em 2000. Por mais de um ano, ocupei, simultaneamente, as posições de líder da equipe de recursos humanos e diretor da filial local. Certo dia, um funcionário do departamento de marketing da sede me enviou um e-mail pedindo ajuda para conseguir bons resultados com a exposição de um modelo de celular sem fio no Mobile World Congress (MWC).

Embora a filial em que eu estava não fosse se beneficiar diretamente, senti que a empresa poderia ganhar com isso, então não havia motivo para não ajudar. Fiz tudo o que podia para apoiá-lo legalmente, e, no final, o modelo foi eleito o "Celular do Ano". Mais tarde, quando me tornei CEO, o mesmo funcionário me enviou um e-mail agradecendo por toda a ajuda naquela época. Mais uma vez, percebi que, quando damos nosso melhor, seja em tarefas grandes ou pequenas, os resultados, um dia, voltam para nós.

Por isso, sempre digo àqueles que se reportam a mim: "O trabalho da empresa não pode ser somente meu ou seu. Se outra pessoa não fizer, então eu farei". Especialmente nas empresas globais, a diversidade se expande não só a âmbito nacional, mas também para o exterior. Resumindo, tudo o que acontece no mundo se conecta com o trabalho da empresa e, consequentemente, com nosso trabalho.

◉ ◉ ◉

Certo dia, em 2019, um diretor executivo me convidou para um chá. Quando eu estava no cargo de CEO, sempre enfatizava que os executivos deveriam conversar comigo pelo menos de três a quatro vezes por ano, sobre trabalho ou sobre qualquer outro assunto. Esse diretor me contou uma ótima notícia: ele elogiou um gerente com quem trabalhava e disse que queria prepará-lo para ser seu sucessor no futuro. Ele estava todo orgulhoso das habilidades e da personalidade desse gerente, e queria confiar a ele outras tarefas além das atuais.

Não expressei isso, mas me senti feliz durante todo aquele dia. Era uma das coisas que eu mais queria ouvir de um executivo. Não fiquei apenas encorajado, mas também comovido pelo fato de aquele colega ter observado cuidadosamente seu subordinado, pensando sobre a trajetória profissional dele e desejando prepará-lo para um futuro dentro da organização.

Esse diretor executivo acreditava que ajudar no crescimento dos mais jovens era "seu trabalho". Preocupar-se com o futuro da empresa, pensar em quem poderia fazer o trabalho da melhor forma e desenvolver essa pessoa: esse é um líder que entende que "meu trabalho = trabalho da empresa".

A CHAVE É ENTENDER O FLUXO

Na verdade, do ponto de vista de um novo funcionário, isso pode ser difícil de aceitar. Quando você não sabe o que precisa fazer, ouvir que precisa fazer tudo pode parecer esmagador. É por isso que o período de treinamento é fundamental para quem está começando na empresa. É um período de adaptação, que varia de dois a três meses, ou até um ano, dependendo do caso. Nesse tempo, o novo funcionário vai compreender e se familiarizar com as funções do departamento, com seu papel dentro dele e com as tarefas que precisa realizar. Não é esperado que, ao final desse período, a pessoa compreenda 100% do trabalho. Ainda que ela tenha compreendido cerca de 50%, já é um ótimo desempenho. "Mas só 50%?" Se você acha que esse é um baixo desempenho, vamos comparar com nosso dia a dia.

Quando olhamos para nossa vida, quantas coisas realmente acontecem como planejamos? Não é comum que muitas das coisas que fazemos terminem da maneira que não desejamos? Inclusive hábitos simples, como se exercitar, escrever um diário ou ler um livro são difíceis de manter por mais de três dias. Se com os assuntos pessoais é assim, imagina com o trabalho! Portanto, em vez de tentar fazer tudo perfeitamente desde o início, é importante realizar as tarefas aos poucos, passo a passo.

O que se deve observar nesse momento é o "fluxo". Uma empresa é formada de departamentos e equipes. Claro, há divisão de trabalho, mas em alguns momentos não é fácil definir quem é o responsável, como quando há um desfalque temporário na equipe ou surge uma demanda repentina. Principalmente no caso de startups, todos precisam ser multitarefas. Nessas horas, não devemos pensar "Isso não é meu trabalho" ou "Se eu fizer isso, vão me passar mais atividades". Os chefes e superiores não distribuem as tarefas aleatoriamente. Para o trabalho fluir com tranquilidade, as demandas são atribuídas da maneira mais adequada a todos. Desempenhar seu papel nesse fluxo é responsabilidade de cada um.

    O trabalho em uma empresa não se limita a um determinado período. Quando você é um funcionário novo, pode até ser que consiga se concentrar em suas tarefas e, após o expediente, não se preocupar com mais nada. Porém, conforme você ganha mais experiência, as responsabilidades vão aumentando, podendo até se tornar infinitas. Assim como uma empresa é um organismo vivo, o trabalho também o é.

"FAZER UM BOM TRABALHO" É, NA VERDADE, "AUTODESENVOLVIMENTO"

Neste ponto, você pode estar se perguntando: "Se, com a mentalidade de que o trabalho da empresa é meu trabalho, eu tiver que cumprir uma quantidade possivelmente infinita de tarefas, quando terei tempo para me desenvolver? Não é necessário continuar se desenvolvendo para ser promovido e ter sucesso?".

    Você tem razão. O autodesenvolvimento é absolutamente necessário. No entanto, nós já vivemos em constante desenvolvimento.

O verdadeiro autodesenvolvimento não está em dizer "Isso não é meu trabalho", mas sim em dizer "Oportunidade dada é oportunidade aceita!". Ao assumir tarefas que não estão em sua área de atuação, você desenvolve novas habilidades e expande sua área de conhecimento. ==Ou seja: tudo o que vivencia na empresa pode ser uma oportunidade de autodesenvolvimento. Ter um bom desempenho em seu trabalho é autodesenvolvimento.==

Muitos profissionais se preocupam em encontrar o equilíbrio entre o trabalho e o desenvolvimento pessoal. Agora que já falamos sobre a definição e o escopo de atuação em uma empresa, algumas pessoas podem se perguntar: "Se eu trabalhar assim, como terei tempo para o autodesenvolvimento?". Minha resposta é: o tempo para o autodesenvolvimento não será dado a você. Ele não cairá do céu, por isso, você precisa criá-lo. É necessário fazer escolhas: reduzir seus compromissos, estudar um novo idioma, abrir mão de algumas horas de sono para melhorar suas habilidades. A maioria das pessoas trabalha duro. Mas se você trabalhar um dia inteiro para, no fim, só beber um drinque, como recompensa por ter finalizado mais um expediente, acabará ficando para trás. Quando todos trabalham duro, é necessário dar um passo à frente para se tornar uma pessoa melhor.

Se você conseguir equilibrar trabalho e a autodesenvolvimento, chegará o dia em que será bem-sucedido em ambos. Mesmo que isso aconteça daqui cinco, dez ou quinze anos, o segredo é ter paciência e se dedicar simultaneamente nas duas áreas. Ou seja, o caminho não é separá-las e tentar equilibrá-las de forma independente, mas, sim, uni-las de forma paralela.

4.
Segredos da criatividade: "pé" e "pista"

> **É possível descobrir e cultivar a criatividade?**
>
> Muitas pessoas acham que criatividade é uma habilidade inata. Mas posso garantir que não é. Criatividade é algo que pode ser descoberto e desenvolvido com esforço. Isso é especialmente verdadeiro quando se trata de trabalho. O segredo da criatividade, que descobri ao longo da minha experiência, está nas palavras: "pé" e "pista". Ficou curioso para saber o que isso significa? Vejamos a seguir.

A CRIATIVIDADE VEM DOS "PÉS", NÃO DA "CABEÇA"

Isso aconteceu quando eu estava à frente da equipe de gestão de desenvolvimento, em 2007. Nos finais de semana, sempre visitava as equipes e empresas parceiras para verificar se havia algum problema nas tarefas em andamento ou algum gargalo na transferência para a produção. Na verdade, não era uma tarefa minha, mas sentia que era arriscado confiar apenas no que os departamentos diziam, então eu os visitava pessoalmente para fazer uma verificação direta.

No início, tanto os funcionários que me acompanhavam quanto os executivos e gestores das empresas parceiras ficavam desconfortáveis. Mas, com o passar do tempo, as coisas foram mudando. As pessoas que costumavam ser mais reservadas começaram a falar abertamente, e várias ideias passaram a jorrar como água. O aspecto mais marcante, para mim, foi o crescimento dos colaboradores que me acompanhavam. A visão deles ampliou-se significativamente, e passaram a prever e considerar coisas que antes nem imaginariam.

Quando pessoas conversam apenas com outras da mesma área, é natural que o escopo de ideias não seja tão amplo, pois todas compartilham dos mesmos pensamentos e referências. Porém, quando pessoas de diferentes áreas se encontram, novas ideias surgem. Em outras palavras, a criatividade floresce.

A partir daí, sempre que ocorria algum problema, eu não me contentava apenas em receber um relatório; fazia visitas de campo. Foi assim também durante o desenvolvimento do Galaxy S. Estávamos lidando com o design dos primeiros smartphones, então foi bastante desafiador. Um dos principais problemas foi a curva na parte inferior, que escolhemos para melhorar a aderência, porque falhava repetidamente nos testes de queda. Faltando apenas um mês para o lançamento, a equipe de desenvolvimento estava evidentemente em alerta.

Certo dia, um dos colaboradores responsáveis por acompanhar os testes me trouxe um relatório: ainda não haviam identificado a causa do problema. Decidi verificar pessoalmente, porque a equipe achava melhor que a situação fosse avaliada por alguém com autoridade. Foi como emitir uma espécie de "alerta de perigo". Lá, conversei com cerca de dez membros da equipe de desenvolvimento e de empresas parceiras, e concluímos que seria impossível estabilizar a qualidade do celular antes do lançamento.

Relatei na mesma hora o assunto ao chefe de desenvolvimento e, no dia seguinte, fui com ele ao local. Após duas horas de uma reunião intensa, decidimos trocar a parte curva por uma superfície plana. Com essa mudança, o produto não só passou no teste de queda como obteve sucesso no mercado, mantendo o compromisso firmado com nossos clientes. Se aquele colaborador não tivesse ido pessoalmente até a equipe local e feito uma avaliação inicial, nossa resposta teria demorado muito. Por ter pensado em seu trabalho sob vários ângulos, ele teve o instinto de ir até lá.

Você pode estar se perguntando: "O que fazer visitas de campo tem a ver com criatividade?". Para mim, este é um exemplo claro da chamada "criatividade no trabalho".

Criatividade não é apenas criar algo do nada. Criatividade no trabalho significa reunir as opiniões das pessoas e da organização para, em momentos decisivos ou pontos de inflexão, sugerir uma nova direção e alcançar os resultados desejados. Ficar só imaginando sentado não resolve nada. Para mudar de direção, é preciso ouvir as vozes presencialmente.

Aqui entra o primeiro segredo da criatividade: o "pé". ==A criatividade de uma pessoa que é boa no trabalho vem do "pé", não da "cabeça". Isso significa que, quando você vai aonde as equipes estão, vê, ouve e analisa, é possível encontrar soluções inovadoras que não lhe teriam ocorrido se estivesse pensando dentro do escritório.== A presença oferece um mundo de conhecimentos e um valioso espaço para estimular o pensamento e a criatividade.

Há mais um ponto que gostaria de destacar aqui: a criatividade dos líderes. Quando um sênior treina um júnior, ou um superior treina um subordinado, a maior armadilha é colocá-lo para revisar todos os documentos. Embora seja preciso pedir apoio dos funcionários para consultar alguns dados, um líder deve saber como preparar os próprios materiais. Era o que eu fazia. Quando você prepara seus materiais, consegue antecipar perguntas e ter um entendimento completo do conteúdo, para não ser pego de surpresa pelas dúvidas que surgirem. A criatividade de um líder é, nesse sentido, a capacidade de definir direções e impulsionar o trabalho com base na experiência acumulada, na visão profunda e na sagacidade para lidar com as situações.

A RESPOSTA ESTÁ SEMPRE EM CAMPO

Os profissionais da área de desenvolvimento com quem trabalhei sempre fizeram das visitas de campo um hábito. Mesmo sem eu dizer: "Vá até lá e verifique isso e aquilo", eles tinham o hábito de fazer visitas por conta própria, descobrir problemas e resolvê-los.

    O poder dessas visitas é nítido durante as reuniões. A diferença entre quem viu pessoalmente e quem só ouviu falar é visível. Aqueles que viram, ouviram e sentiram por si mesmos têm uma visão mais profunda. Eles conseguem encontrar a solução para os problemas e definir o próximo passo. São pessoas que dão o melhor de si, independentemente de cargo, tempo de empresa ou experiência.

De certa forma, são elas que têm as habilidades e qualidades mais necessárias a uma empresa.

À medida que você ganha experiência com as visitas de campo, vai fortalecendo a musculatura da criatividade, mesmo sem perceber. Essa criatividade às vezes se manifesta como julgamento situacional, outras, como rapidez de raciocínio, ou ainda, como uma imaginação brilhante. De vez em quando, as pessoas me perguntam se a criatividade é necessária no ambiente de trabalho. Sem dúvida alguma, é.

A criatividade no ambiente profissional pode ser dividida em duas categorias. A primeira é a capacidade de ouvir o que os outros têm a dizer, compreender as informações e depois sintetizá-las. A outra é a que se revela imediatamente no trabalho pela compreensão multifacetada. No meu caso, tendo a enfatizar mais a segunda, que envolve entender como as áreas relacionadas impactam meu trabalho e como esses vínculos geram resultados. Aqui, "resultados" referem-se ao produto final em si, mas também ao processo de fusão e trocas entre os diversos departamentos e pessoas envolvidas.

A criatividade é especialmente importante para os profissionais que estão na faixa dos 30 aos 40 anos. Nesse ponto, a maioria das pessoas ocupa cargos de gestão intermediária. Ou seja, depois de tanto tempo só fazendo trabalho prático, agora é hora de liderar outras pessoas, resolver problemas e produzir resultados. Sem criatividade para sugerir novas direções, é apenas uma questão de tempo até você ser deixado para trás. E, então, o que fazer? A resposta, mais uma vez, está em campo.

PISTAS PARA A FUSÃO, O INÍCIO DA CRIATIVIDADE E NOVAS RESPOSTAS

O projeto de desenvolvimento da primeira série do Galaxy Note começou com a ideia de que seria interessante trazer a sensação de um bloco de notas, de um caderno e de uma caneta aos celulares. No entanto, o desenvolvimento da caneta estava estagnado.

Na época, a única empresa que tinha a tecnologia necessária para produzir essa caneta era a japonesa Wacom, então era mais do que essencial estabelecer uma parceria. Porém, adaptar o tamanho da caneta já produzida pela empresa para que coubesse dentro de um celular não foi fácil. Para ser sincero, muitas pessoas acreditavam que isso seria impossível, e algumas até disseram que o desenvolvimento e a produção do Note não dariam certo. E o que a gente podia fazer? Ir em frente.

Fui até a Wacom. Discutimos de forma aberta sobre as nossas tecnologias, as perspectivas futuras e as possibilidades do produto. Como resultado, conseguimos trazer a tecnologia de caneta da Wacom para a Samsung. É claro que não fiz isso sozinho. Embora a negociação final tenha sido feita pessoalmente por mim, isso só foi possível devido aos esforços de muitos funcionários. No entanto, acho que, se tivéssemos sucumbido às opiniões negativas e deixado de ir diretamente à Wacom, teria levado muito mais tempo e esforço para incorporarmos a tecnologia da caneta.

Por isso, digo às pessoas que declaram estar longe da criatividade e das habilidades artísticas, que a criatividade no trabalho pode ser descoberta e desenvolvida por meio dos próprios esforços. Se você acha que falte criatividade, basta sair a campo. Lá, você encontrará pistas para a fusão, o início da criatividade e novas respostas.

O QUE O TRICÔ E O PENSAMENTO TÊM EM COMUM

Quando eu era criança, no inverno, minha mãe tricotava luvas e meias de lã. Na hora de organizar os novelos, antes de tricotar, sempre havia um alfinete na ponta. Era o ponto de partida. Quando o puxávamos o fio se desenrolava tranquilamente, não importava o tamanho do novelo.

A criatividade começa com a descoberta do ponto de partida de uma ideia. E aqui entra o segundo segredo da criatividade: a "pista". Criatividade no trabalho é encontrar pistas que indiquem a direção, puxá-las e transformá-las nos próprios pensamentos. Assim como um novelo de lã pode se transformar em meias ou luvas, dependendo de como é trabalhado, a criatividade também se expressa de maneiras diferentes, dependendo de como a pessoa aplica as ideias.

Para encontrar a pista, é preciso fazer bom uso da razão. A razão é a capacidade de criar conceitos, compor ideias, fazer julgamentos e raciocinar. Para isso, você deve, primeiro, ter conhecimentos e experiências diversos. Assim como você precisa de materiais para produzir resultados, também é necessário ter pistas para criar conceitos, compor ideias, fazer julgamentos e raciocinar. Em outras palavras, pode-se dizer que a razão e a pista são condições necessárias e suficientes uma para a outra.

◉ ◉ ◉

O ChatGPT causou bastante agitação em todo o mundo há algum tempo. Algumas pessoas ficaram maravilhadas e outras ficaram com medo do incrível progresso da inteligência artificial. Esse medo também incluía a preocupação de que seriam substituídas pela inteligência artificial mais cedo do que o esperado. Esse momento, provavelmente, não está muito longe. Por isso, devemos desenvolver ainda mais as capacidades que somente os seres humanos têm — como ir a campo com os próprios pés para encontrar pistas.

5.
Até onde ir?

> **Desde que entrei na empresa, quero me tornar presidente. É sonhar alto demais?**
>
> Quando ouvi essa pergunta pela primeira vez, me senti aliviado. Numa época marcada pela letargia, fico feliz em saber que existe alguém com paixão suficiente para ter um grande objetivo, por e para si mesmo. Pode parecer um objetivo distante demais, mas você tem sorte de ter a paixão para sonhar com tal meta. E digo isso porque, logo após entrar na Samsung, também corri em direção a um único objetivo: tornar-me presidente.

O VERDADEIRO SIGNIFICADO DE "EQUILÍBRIO ENTRE VIDA PESSOAL E PROFISSIONAL"

Minha esposa, antes de nos casarmos, me perguntou até onde eu queria chegar na Samsung?.
Respondi sem hesitação:
— Eu me tornarei o presidente.
Descobri mais tarde que minha esposa ficou muito surpresa ao ouvir a resposta. Por outro lado, ela também passou a confiar em mim, reconhecendo meu objetivo e me apoiando com dedicação. Quando me tornei presidente, ela me deu um buquê de flores com um cartão que dizia: "Obrigada por cumprir aquela promessa". Desde aquele momento, minha esposa nunca tentou me frear enquanto eu perseguia minha meta.
Isso mesmo. Logo após ingressar na Samsung, estabeleci o objetivo de me tornar presidente e corri em direção a ele. Fui apagando da minha vida tudo o que não fosse me ajudar a alcançar meu propósito.
Às vezes, a geração mais velha olha para a geração de hoje e diz: "Eles só querem saber de equilíbrio entre vida pessoal e profissional"; "Procuram seus direitos, mas não fazem o que precisa ser feito"; ou "São uns egoístas". Mas o equilíbrio entre vida pessoal e profissional é uma coisa ruim? Acho que é absolutamente necessário. No entanto, meu conceito de equilíbrio é um pouco diferente da

definição comum. Para mim, significa "investir no trabalho e na vida pessoal de forma equilibrada para alcançar os objetivos desejados". Em outras palavras, significava pensar, perseguir e trabalhar em prol dos meus objetivos, no trabalho ou fora dele.

==De fato, acho um tanto estranho separar "trabalho" e "vida". Vivemos trabalhando e trabalhamos para viver. Trabalho e vida não são coisas separadas que podem ser pensadas separadamente, mas um conjunto que sempre anda junto.== O trabalho é uma das áreas que constituem a vida, por isso me pergunto se é correto tentar distingui-los assim.

Além disso, não vejo muitos amigos buscando o equilíbrio entre vida pessoal e profissional sem se dedicar ao trabalho. A maioria das pessoas da geração atual que conheço valoriza os próprios objetivos, aceita o desafio para alcançá-los e até gosta do processo. Você, que está lendo estas páginas, provavelmente se encaixa nesse perfil. Se você escolheu este livro, é porque deve ser alguém cheio de paixão e desejo de realização.

As pessoas que têm clareza sobre os padrões e objetivos também têm um conceito bem definido sobre o equilíbrio entre vida pessoal e profissional. Elas não seguem o padrão dos outros, como o de "trabalhar enquanto eles dormem" ou o de aproveitar o tempo individual tanto quanto possível, em vez de passar tempo com os outros.

Fazer só porque outra pessoa está fazendo não é equilíbrio de verdade. Mais uma vez: o verdadeiro equilíbrio entre vida pessoal e profissional é conciliar esses dois aspectos para atingir seus objetivos.

A "REGRA 1,5X", QUE TRANSFORMA ESFORÇO EM HABILIDADE

Na verdade, é difícil comparar o estilo de vida dos meus 20 e 30 anos com o estilo de vida da geração atual. Nas décadas de 1980 e 1990, sábado era dia útil, e também era natural trabalhar no domingo à tarde se houvesse pendências a serem resolvidas. No meu caso, desde que entrei na empresa, sempre me achei inferior aos meus colegas. Se eles trabalhassem oito horas, eu trabalharia doze. E eu sempre estudava depois do expediente. Acho que eu chamaria isso de "regra 1,5x". Não chegava a ser o dobro do esforço, mas, para mim, se eu me esforçasse pelo menos 1,5x mais do que os demais, conseguiria alcançar o mesmo resultado que eles. Feria meu orgulho não conseguir fazer tão bem quanto os outros, então eu me esforçava ao máximo. Com o tempo, acabei me saindo melhor do que eles.

Depois de trabalhar assim por três ou quatro anos, meu chefe naturalmente demonstrou confiança em mim e me deu responsabilidades maiores e mais importantes. Eu até recebi a tarefa de avaliar o desempenho dos funcionários, algo que era concedido somente aos gerentes e superiores. Não poderia haver confiança maior do que essa. Para mim, isso não foi um peso, mas uma verdadeira fonte de motivação. Eu sentia que tinha que trabalhar ainda mais para fazer jus a essa confiança e, embora passasse pouquíssimo tempo em casa, não me sentia cansado.

É claro que, como para qualquer pessoa, não foi fácil. Principalmente depois que me casei, em 1990, comecei a me preocupar seriamente com o equilíbrio entre trabalho e descanso. Tentei passar mais tempo com minha família, mas não era tão fácil quanto eu imaginava. Embora jantasse em casa ou saíssemos para jantar uma ou duas vezes por semana, eu ainda trabalhava nos fins de semana. Mesmo depois que meu filho nasceu, não passei tempo suficiente com ele. Eu me esforçava para levá-lo à escola, ou para passarmos as férias de julho juntos, por mais ocupado que estivesse. Porém, quando perguntei aos meus filhos, depois de crescidos, sobre as lembranças que tinham de mim na infância, eles disseram que não tinham muitas. Todas as lembranças de brincadeiras na água e estações de esqui foram com a mãe, as tias, os tios. Fiquei um pouco decepcionado, mas não podia fazer nada. Assim como naquela época, sou muito grato à minha esposa, que sempre me apoiava silenciosamente, cuidava de mim e, todas as manhãs, preparava meu café e me ajudava para que eu não me atrasasse para o trabalho.

Depois de morar no Reino Unido, retornei à Coreia em 2006, e minha vida tornou-se cada vez mais repleta de trabalho. A partir de então, cada dia foi uma verdadeira batalha. Na época, o mercado de celulares estava dividido entre Nokia e Motorola, enquanto a Samsung crescia. E precisava crescer ainda mais. Vinte e quatro horas por dia não eram suficientes. O tempo que eu passava no exterior, em viagens de negócios, tornou-se maior do que o tempo que eu passava na Coreia. Nessa época, eu trabalhava literalmente 24 horas por dia, sete dias por semana. Esse estilo de vida durou quase dez anos.

Embora meu corpo estivesse uma bagunça, minha mente estava clara, porque eu tinha um propósito. Todos trabalharam juntos, guiados pelo objetivo de que, se fizéssemos um pouco mais, poderíamos ser o número um. No fim, os celulares da Samsung alcançaram um rápido crescimento, e a empresa, é claro, desempenhou um papel significativo na economia nacional.

Olho para o passado dessa maneira porque quero definir adequadamente o que considero ser o equilíbrio entre vida pessoal e profissional. Para algumas pessoas, pode significar "aproveitar a vida e ser feliz", mas, para mim, não. Como mencionei antes, meu equilíbrio entre vida pessoal e profissional era me dedicar tanto no trabalho quanto na vida para alcançar meus objetivos.

Na escola, eu não era do tipo que estudava de última hora. Eu precisava trabalhar duro, de forma consistente, para colher os frutos desse esforço. Também não comecei minha vida profissional com muitos recursos. Por isso, minha única escolha era trabalhar com "dedicação, consistência e de acordo com os princípios". Porém, além de ser presidente, eu tinha mais um objetivo pessoal: ter uma vida confortável depois dos 50 anos e, pelo menos, poder cuidar da minha família, meus pais e meus irmãos. Naquele momento, não tive escolha a não ser trabalhar com paixão, tanto pelo meu objetivo de me tornar presidente quanto pelo de ter uma vida tranquila depois dos 50.

NÃO AJUSTE OS PADRÕES DA SUA VIDA AOS DOS OUTROS

Gostaria de fazer duas perguntas: agora que você já entrou em uma boa empresa ou iniciou seu negócio, até onde quer chegar? Você tem uma visão do seu objetivo final, da linha de chegada?

Se você tem um objetivo claro, não há razão para ser influenciado pelas pessoas a seu redor. Não tem por que se perguntar: "Será que sou um tolo por me dedicar tanto ao trabalho enquanto outras pessoas valorizam o tempo pessoal e aproveitam livremente a vida?". Qual é a necessidade de ajustar os padrões da sua vida aos dos outros? Eu, por exemplo, estabeleci o objetivo de me tornar presidente e, depois dos 50 anos, cuidar financeiramente da minha família. E consegui. Não foram objetivos determinados por ninguém, mas pelos meus padrões.

A escolha é sua. Você deve definir e escolher seus padrões e métodos. Eu apoio sua paixão e, por isso, aconselho você a não se avaliar de acordo com os padrões ditados pelos outros. Lembre-se de que o padrão da sua vida é aquele que você estabelece.

Ao correr arrebatadoramente em direção a seu objetivo, é importante observar o tipo de paixão que você tem. Principalmente se você trabalha para uma empresa, é preciso distinguir se é uma paixão pessoal ou se é direcionada à companhia e ao trabalho. É possível perceber se a paixão de seu colega de trabalho é realmente um desejo genuíno pela função ou se é apenas um desejo de satisfação pessoal. Às vezes, pessoas muito talentosas e inteligentes tomam esse segundo caminho, para se exibir por meio de suas conquistas, sem pensar no bem da empresa. Por isso, são rotuladas como "egoístas".

A paixão é uma virtude essencial para os funcionários. É algo que deve ser cultivado. É tão importante quanto ser eficiente. Mas a paixão deve ser genuína. Seniores e superiores não são tolos; os subordinados não são desatentos. Naturalmente, pessoas que trabalham com paixão genuína são mais apoiadas e valorizadas. Elas pensam no desenvolvimento da organização, da empresa e até da economia nacional. Também sabem reconhecer e compartilhar os resultados com colegas e subordinados. E, no final, por meio do ciclo virtuoso de "paixão e resultados" e de "compartilhamento e reconhecimento", tudo isso faz o caminho de volta para elas. Não há necessidade de ajustar os padrões da sua vida aos dos outros, mas você não deve excluir os outros de seu trabalho e de sua vida.

6.
STM: três pontos para alcançar objetivos

> **Existe uma maneira de definir bons objetivos e executá-los adequadamente?**
>
> Três pontos são importantes para definir e alcançar objetivos: speed (velocidade), time (tempo) e money (dinheiro). Em outras palavras, você deve ser capaz de definir rapidamente seus objetivos, gerenciar seu tempo para alcançá-los e, por meio do controle financeiro, continuar seguindo na direção certa.

SPEED – TIME – MONEY: O SEGREDO DO STM

Existem duas abordagens sobre o trabalho: a normativa e a exploratória.

Na abordagem normativa, o objetivo do trabalho é claro, e o necessário para alcançá-lo, como cronograma, processo e referências, é relativamente bem definido. Nela, a pessoa se concentra em "o que" fazer para alcançar o objetivo. Já a abordagem exploratória é quando, até certo ponto, há uma ideia geral sobre o que se quer, mas o objetivo em si não é claro. Nesse caso, o objetivo é gradualmente visualizado, sendo modificado ou ajustado ao longo do caminho.

É impossível dizer com certeza que uma abordagem é melhor que a outra, mas uma coisa é certa: em ambas, o objetivo é peça essencial.

Às vezes, sinto que olhar para trás, para minhas experiências e para o caminho que percorri, pode não ser relevante para os tempos atuais. Mesmo assim, espero que minha trajetória ajude pelo menos algumas pessoas que sonham com o sucesso, e, por isso, darei minha resposta à pergunta feita no início. Muitas vezes, é fácil desconsiderar as histórias dos mais velhos, dizendo: "Mas era assim naquela época". Provavelmente, é por isso que também aparecem expressões como "tiozão" e "boomer". No entanto, espero que você reconheça que a verdade honesta e genuína tem valor independentemente do tempo.

Eu não sou perfeito, e meus objetivos e métodos podem não ser os melhores, mas acredito que três pontos principais podem ser aplicados a qualquer pessoa: speed, time e money, ou seja, STM.

A velocidade é importante na definição de objetivos
Primeiro, é importante ter em mente até onde você quer chegar dentro da empresa e pensar em planos de ação adequados. Quanto mais cedo definir seu objetivo, melhor. No meu caso, quando entrei na Samsung, em 1984, defini a meta "Chegarei ao topo". Como eu disse antes, sonhava em ser presidente desde que era iniciante. Você deve definir rapidamente seu objetivo final para poder seguir em frente sem perder tempo ou vagar pelo caminho. Quanto mais rápido você definir uma meta, mais rápido poderá alcançá-la.

Depois de ingressar na Samsung, aprendi muito sobre a ideologia e a filosofia de gestão da empresa no centro de treinamento. Eu me dediquei muito e, como uma esponja, fui absorvendo as histórias dos colegas com mais tempo de empresa. Também me lembro de ter trabalhado, sem hesitação, depois de ter sido designado para a equipe de gerenciamento de desenvolvimento do Semiconductor and Communications Research Institute.

Até meu segundo ano na empresa, eu só olhava para o futuro, até que, em 30 de dezembro de 1985, tive um ponto de virada no trabalho e na vida.

Todos os anos, o fundador da Samsung, Lee Byung-chul, fazia uma reunião de planejamento do ano novo em Tóquio, no Japão. Devido à isenção do serviço militar, não consegui emitir meu passaporte, por isso não pude ir ao Japão. Então, fiz meu planejamento sozinho em Dongnae, Busan, relembrando minha vida na Samsung nos últimos dois anos e analisando meu nível e situação. Fiz um levantamento de lacuna para ver do que eu precisava para me tornar presidente da empresa. Foi como fazer um plano de negócios, e esse planejamento de vida acabou sendo um ponto de virada importante na minha carreira.

A gestão do tempo é vital para atingir seus objetivos

Para atingir meu objetivo de ser "o melhor", decidi aproveitar ao máximo o tempo que tinha. Comecei a gestão do meu tempo evitando compromissos pessoais durante a semana. O tempo livre era limitado das 19 horas de sábado às 2 horas da manhã de domingo. Mas nessas horas eu não descansava direito, porque as usava para estudar inglês, participando de grupos de conversação ou indo a clubes de soldados norte-americanos.

E, antes de sair do trabalho, eu sempre avaliava meu desempenho do dia e planejava as atividades do dia seguinte, dividindo-as por hora, o que ajudava a me organizar. As primeiras semanas foram difíceis, mas depois isso se tornou um meio de incentivo e apoio para mim. Claro, também me ajudou muito na gestão do meu trabalho — a lista de tarefas que mencionei anteriormente. Acredito que esse método de gerenciar as tarefas por hora é a forma mais eficiente de maximizar a concentração e produzir resultados.

É preciso ter paz de espírito para alcançar objetivos

Na verdade, tenho cautela ao falar sobre gestão de bens, porque as circunstâncias de antes e as de agora são muito diferentes. Naquela época, o primeiro salário que recebi foi de 230 mil wons[4] e, depois de três meses, passou para cerca de 260 mil wons. Após um ano de empresa, abri uma conta poupança de cinco anos, a chamada Poupança Jaehyeong, e comecei a guardar 50 mil wons todo mês. Levando em conta o nível salarial da época, era uma quantia considerável.

Se você não tiver certa quantidade de bens, não terá paz de espírito. Naturalmente, se você não tiver essa paz,

---

4. Um won equivale a R$ 0,004. [N.T.]

será difícil pensar corretamente. Devemos ter em mente que a gestão de bens é necessária não apenas para levar uma vida confortável e luxuosa, mas para viver bem e com a mente sã.

Bens não são apenas financeiros. Para quem não tem muito, o corpo também é um bem importante. Por isso, depois que voltei de Busan com meus planos de ano novo, comecei a me exercitar todas as manhãs, e faço isso até hoje. Minha mãe me ajudava a preparar alimentos nutritivos todo fim de semana. A partir daí, passei a investir 10% do meu salário na minha saúde física e mental.

A CRENÇA DE QUE SUA MAIOR ARMA É VOCÊ MESMO

Acima de tudo, o que eu considerava mais importante eram as competências linguísticas. Este é um item que merece ser enfatizado repetidamente.

Não basta apenas estar no mesmo nível das pessoas a seu redor, é necessário ser capaz de conversar naturalmente com estrangeiros e ter modos globais. Quando uma pessoa tem essas habilidades, seu superior certamente irá enxergá-la como um talento a ser cultivado e apoiado. Além disso, para não perder essa pessoa para outros departamentos, eles continuarão a oferecer oportunidades de crescimento a ela.

Como falarei com detalhes mais adiante, houve um momento, quando comecei na empresa, em que me dediquei ao estudo de japonês. Naquela época, eu chegava em casa por volta das 23 horas, e sempre ficava de uma a 1,5 hora estudando japonês. Nos fins de semana, eu conversava com minha mãe em japonês para melhorar a conversação. Ela era fluente no idioma, pois tinha trabalhado como atendente em uma loja de tecidos durante o período colonial japonês, então, isso me ajudou muito. Quanto ao inglês, eu não só frequentava clubes militares americanos em Itaewon como também separava um tempo para estudar gramática e outros aspectos do idioma. Naturalmente, também precisei conhecer as culturas relacionadas ao idioma, então comecei a ler livros de humanidades.

Na minha época, não existiam tantos métodos como hoje, então eu estudava com livros ou procurava lugares onde pudesse praticar o inglês. Mas, hoje em dia, com aplicativos e várias ferramentas de aprendizagem, existem muitas maneiras de melhorar as habilidades linguísticas, basta querer.

Habilidade com idiomas é como ter dez cheques de 100 mil wons na carteira. Quando você tem dez notas de 10 mil wons e dez cheques na carteira, sua paz de espírito certamente será diferente. O dinheiro não é tudo na vida, mas é inegavelmente uma parte importante dela. Mas o fato surpreendente é que a habilidade em línguas não diminui, não importa quanto você a gaste. Além disso, gera juros compostos. É como ter um poço sem fundo dentro de si.

Proficiência em idiomas faz mais do que apenas dar confiança, faz os outros precisarem de mim e me procurarem. Do ponto de vista dos seniores, juniores que são bons em línguas estrangeiras são talentos desejáveis. Claro, ser bom no trabalho é a primeira condição, mas, quando um subordinado tem habilidades linguísticas, os superiores querem transformá-lo em "seu protegido". No local de trabalho, tudo fica exposto, então os rumores sobre essa pessoa se espalham rapidamente. Com isso, ela será cobiçada por organizações ou departamentos maiores e receberá ofertas de recrutamento de todos os lugares. É natural que as oportunidades aumentem. Eu, por exemplo, graças às minhas competências linguísticas, pude aproveitar a oportunidade proporcionada pela minha empresa de fazer intercâmbio.

Se você deseja definir um objetivo e crescer, mas não sabe por onde começar, recomendo que se dedique a aprender um idioma até atingir um nível considerável.

A única coisa que não desaparece com o tempo e que me ajuda em todos os momentos da vida é o resultado do aprendizado que carrego dentro de mim. No final, espero que você aceite o desafio de seguir em frente, com a crença de que sua maior arma é você mesmo.

7.
"Dar seu melhor" é apenas um processo; prove "ser o melhor"

Quais são os limites do esforço?

Às vezes, o desespero nos tira do caminho. Seria ótimo se tudo o que precisássemos fazer fosse andar em linha reta, mas, infelizmente, esse não é o caso na vida organizacional. Há momentos em que é preciso pegar um atalho, ou ainda, é preciso abrir um caminho que não existe. Esse processo é parte do esforço. Mas esforço por si só não é o suficiente: é preciso mostrar resultados.

IMEDIATAMENTE E SEM FALTA

Isso aconteceu no meu primeiro ou segundo ano na empresa. A equipe para a qual fui designado na época era afiliada ao Semiconductor and Communications Research Institute, que tinha sido criado havia pouco tempo. Tive que trabalhar no setor de RH e lidar com assuntos administrativos ao mesmo tempo. Além disso, estava encarregado de outras tarefas, como apagar a lousa para manter o escritório arrumado e distribuir lembrancinhas, como açúcar e temperos, aos funcionários durante os feriados. Eram aquelas tarefas comumente chamadas de "tarefas de menor importância".

A verdade é que ninguém quer fazer esse tipo de trabalho. Isso é especialmente verdade se você deseja ter sucesso no trabalho. Há o desejo de alcançar resultados rapidamente e de fazer coisas grandes e importantes. Porém, acredito que as pessoas que desejam ter sucesso no trabalho não devam negligenciar as pequenas funções. Na época, em vez de ficar cansado ao fazer essas atividades, eu tentava entender o processo por trás delas. Eu pensava: "Ah, então esses são os brindes que a empresa distribui nos feriados!", porque algum dia essa informação poderia ser útil. Afinal, meu objetivo era me tornar presidente: "Se eu fosse o presidente, deveria conhecer esses pequenos detalhes".

Certo dia, enquanto trabalhava silenciosamente, recebi um telefonema me informando que o diretor-executivo queria falar comigo. Era extremamente raro que funcionários novatos recebessem esse tipo de ligação, então entrei na sala de reuniões imaginando o motivo de estar ali. Havia cerca de dez desenvolvedores sentados lá. Mas, assim que me viu, o diretor-executivo disse:

— Os desenvolvedores precisam ir ao Japão imediatamente. Quanto tempo leva para fazer os passaportes?

Naquela época, muitos desenvolvedores foram contratados em condições especiais e precisavam de passaportes temporários emitidos pelo Ministério da Ciência e Tecnologia e pelo Ministério das Relações Exteriores. Geralmente, isso levava de quatro a seis semanas. Porém, durante a reunião, alguém mencionou meu nome e sugeriu que eu ajudasse, talvez alguém que já conhecesse meu trabalho.

Sem me estender, saí da sala de reuniões dizendo que tentaria resolver o mais rápido possível. Assim que voltei para meu lugar, comecei a pesquisar tudo que podia, de todas as formas. Como resultado, consegui emitir os passaportes em torno de dez dias. ==Quando pensamos em esforço, geralmente vêm à mente palavras como "diligência" e "sinceridade". Claro, são fatores importantes. Mas dar seu melhor é apenas um processo. Para que o esforço seja reconhecido, é preciso obter resultados. Ou seja, os esforços==

==somente não serão em vão se forem comprovados com os melhores resultados.== Eu alcancei o melhor resultado, que era a rápida emissão dos passaportes, e, graças a isso, meu esforço foi reconhecido.

    Esforço também requer preparo. Esforços sem rumo definido são difíceis e cansativos, e é pouco provável que conduzam a bons resultados. Portanto, ao fazer esforços, você deve definir um objetivo. Se estabelecer um objetivo, tudo o que fizer levará você a atingi-lo e a crescer profissionalmente.

    Na verdade, na época, senti certa frustração, pensando: "O que estou fazendo enquanto meus colegas estão em viagens de negócios no exterior?". Mas foi passageiro. Em vez de ficar desapontado e me culpando, achava mais realista e construtivo dar meu melhor no trabalho. "O único esforço que posso fazer agora é garantir que os passaportes estejam nas mãos dos meus colegas desenvolvedores o mais rápido possível". Esse esforço era algo que eu podia e tinha que fazer. Minha inveja desses amigos sumiu quando passei metade do ano em várias viagens de negócios. A vida é mesmo imprevisível.

◉◉◉

De qualquer forma, se eu recebi aquela "missão impossível" na época foi graças à pessoa que percebeu que eu sempre trabalhava com agilidade. Isso significa que, não importa quão trivial seja a tarefa que estiver realizando, há alguém na organização observando o esforço que você está investindo nela. Portanto, você deve sempre fazer o melhor, imediata e rapidamente.

Claro, pode ser que, às vezes, os resultados não saiam como planejado, por mais que você se esforce. No entanto, quando você se esforça o suficiente, nunca fica sem resultados. Inevitavelmente, os esforços deixam rastros pelo caminho, e esses rastros, com certeza, serão úteis no futuro.

SETE VISITAS DOMICILIARES QUE IMPEDIRAM A SAÍDA DOS PESQUISADORES

Dizem por aí que o esforço de alguma forma deixa rastros. Porque esforço tem peso. Esse peso pode ser a responsabilidade, a urgência ou até o desespero.

No início de 2000, fui para o Reino Unido como chefe da equipe de recursos humanos, responsável pela área de RH da filial. Na época, a Samsung já tinha filiais por toda a Europa e, entre elas, havia um centro de pesquisa no Reino Unido que desenvolvia software para celulares e TVs digitais. Fui nomeado chefe de RH, mas, devido a circunstâncias locais, precisei assumir simultaneamente a diretoria do centro de pesquisa.

O ambiente no centro de pesquisas era caótico; o antigo diretor tinha pedido demissão e ido para outra empresa depois de mais de quatro anos ali. Para organizar as coisas, fiz o possível para me estabilizar: lidava com as tarefas de RH pela manhã, trabalhava no centro de pesquisa à tarde e, depois do expediente, voltava às tarefas de RH. Mas, certo dia, ouvi uma história que deixou meu coração apertado.

Parecia que o gestor local queria iniciar uma nova empresa. Na época, o centro estava desenvolvendo o "protocolo GSM 3G",[5] um campo disputado por grandes e pequenas empresas da Europa e dos Estados Unidos, então, a possibilidade de iniciar uma nova empresa era bastante interessante para o gestor local e para os executivos. E como o ex-diretor havia saído da empresa e eu, que não entendia muito de tecnologia, assumi a direção, eles devem ter se sentido frustrados e desconfiados de mim, que vivia fazendo perguntas.

Desesperado e sem saber o que fazer, um ditado japonês me veio à mente: "Se não entrar na toca do tigre, não pegará seu filhote". Foi o que fiz. Resolvi visitar a toca dele, ou seja, a casa dos executivos, exceto a do

---

5. Se 2G era um software focado em chamadas de voz, o protocolo GSM 3G foi o primeiro padrão a considerar o processamento HSD (*high speed data*, ou dados de alta velocidade). (2G: 115 kbps, 2,5G: 342 kbps, 3G:14,4 mbps.)

gestor local. Quando compartilhei minha ideia no setor de RH, expatriados e britânicos que trabalhavam lá imediatamente se opuseram. Disseram que isso não combinava com a cultura deles. Claro, eu sabia disso, mas não conseguia pensar em outra forma de agir.

◉◉◉

O primeiro lugar que visitei foi a casa de um líder de software, a cerca de uma hora ao norte de Londres, e já passava das 20 horas quando cheguei. Como era uma viagem longa, fui com motorista, mas pedi que me esperasse com o carro a certa distância, enquanto eu ia a pé até a casa do líder. No caminho, liguei para ele:

— Olhe pela janela. Estou chegando.

Ele achou que era piada. Mas logo que me viu vagando no escuro, ficou surpreso e me convidou para entrar. Surpreendentemente, ele não pareceu incomodado com minha visita. Embora tenha nascido no Reino Unido, era descendente de indianos e preservava muito dessa cultura. Ele, a esposa e eu ficamos conversando. Ela trouxe bebidas e amendoins em um pratinho, e ele, sentado de joelhos, me estendeu uma cerveja com as duas mãos. Fiquei surpreso e perguntei por que ele estava fazendo aquilo. Ele disse que costumava viajar para a Coreia, e que lá era comum fazer isso ao servir uma pessoa mais velha ou um superior. Fiquei um pouco desconfortável, mas também aliviado com a atitude respeitosa dele.

Conversamos muito naquele dia. Claro, também expressei com sinceridade quanto ele e o trabalho dele eram importantes. Depois de uma longa conversa, voltei para casa, e, embora tenha levado mais de uma hora e meia, eu não estava nem um pouco cansado.

A partir dessa visita, revezei-me para visitar todos os executivos, um por um. Eu levava buquê de flores e vinho para as esposas, que sempre participavam das reuniões. No início, fazia isso por puro desespero, mas, à medida que fui conhecendo essas pessoas, passei a compreender os diversos aspectos de cada uma.

Por exemplo, um deles morava em Kent, a mais de duas horas de distância e, vendo que ele usava uma geladeira velha e pequena em casa, ajudei a comprar uma melhor com desconto para funcionário. Conforme o tempo passava, não só os executivos, mas também as esposas deles começaram a se abrir para mim. Inclusive, certa vez uma das esposas me disse:

— DJ! Se meu marido fizer algo errado, me avise imediatamente! Eu dou um jeito!

Os esforços de convidar as esposas para os jantares e explicar-lhes quanto seus maridos eram importantes para a empresa parecia apresentar resultado aos poucos. Uma ocasião, um amigo que morava em Kent pediu demissão porque o trajeto de ida e volta era muito cansativo. O chefe dele aceitou a demissão, mas eu queria mantê-lo na empresa, então marquei uma última conversa com ele. Na hora, propus que ele trabalhasse de casa dois dias por semana, e logo entrei em contato com a esposa dele. Ela, que tinha boas impressões de mim, ficou contente e disse:

— DJ! Você devia ter me ligado antes! Pode deixar comigo. Dois dias trabalhando de casa são o suficiente!

Naquela época, eu realmente fiz meu melhor, do possível ao impossível e, mesmo agora, pensando nisso, reconheço que dei tudo de mim. Porque, para mim, fazer mais do que deveria era o verdadeiro esforço. Por fim, cheguei à última visita, agora na casa de um britânico de origem paquistanesa. Jogamos tênis de mesa com as crianças e comemos juntos. Porém, ele olhou para mim com calma e disse:

— DJ, sei a quais casas você já foi. Não precisa ir a mais nenhuma. Não abriremos uma nova empresa.

Quando ouvi aquelas palavras, comecei a chorar. Logo perguntei:

— Sei que posso ter feito algo muito invasivo, mas como você entendeu as minhas intenções?

Ele, então, respondeu que achava que eu estava fazendo meu trabalho como diretor. Também descobri que, entre os executivos, circulavam conversas como:

"Ele foi à sua casa?"; "Ele veio na minha"; "Quem será o próximo?".

Durante um mês e meio, visitei a casa de sete executivos, um por um, para persuadi-los, e enfim consegui impedir a criação da nova empresa. Com essa experiência, percebi que a sinceridade é transmitida entre as pessoas, e que esforços desesperados baseados nessa sinceridade trazem bons resultados. Um ano depois, deixei o trabalho no RH para meu sucessor e dediquei todas as minhas energias ao cargo de diretor do centro de pesquisa. Claro, os talentos que mantive naquela época foram, sem dúvida, de grande ajuda.

Eu não seria quem sou hoje se não tivesse trabalhado no centro de pesquisa do Reino Unido. Depois, fui para a América do Norte, onde vários trabalhos me mantiveram em alerta: planejamento de produtos, em 2006, gestão de desenvolvimento, em 2007, e estratégia tecnológica, em 2012. O crescimento é dever de todo profissional. Isso porque, se os membros não crescem, a organização também não cresce. Portanto, cresça. E tenha sucesso. Não fique satisfeito com a ideia de dar o melhor, tenha como objetivo ser o melhor, provando seu crescimento e os melhores resultados.

2. GESTÃO DE RESULTADOS:
博而精[6]

---

[6]. Provérbio chinês, lido em coreano como *pakijeong*. Assim como é importante ter conhecimento amplo em muitas áreas e, ao mesmo tempo, ter conhecimento profundo em uma delas, para alcançar resultados é necessário ser multijogador e, ao mesmo tempo, especialista.

A empresa é um local de trabalho e não uma escola de desenvolvimento pessoal. É claro que você recebe incumbências de acordo com seu desempenho e é monitorado por mentores e superiores. Como indivíduo, você é livre para gerir as horas do seu dia. No entanto, dentro da empresa, ou seja, durante o expediente, enquanto está investindo tempo e esforço no trabalho, é necessário ter concentração, porque é isso que define o contrato entre você e a empresa.

8.
A única maneira de superar uma crise: a estratégia *baesujin* (tudo ou nada)

Como superar uma crise quando parece que tudo vai entrar em colapso?

Olhando para trás, acho que a maior provação que passei durante a carreira foi provavelmente a descontinuação do Galaxy Note 7. Naquela época, quando tive que arcar com toda a responsabilidade e não tinha ninguém em quem me apoiar, precisei aguentar a qualquer custo. Por isso, não tive escolha a não ser adotar a estratégia *baesujin*.

VIVER "PRONTO PARA MORRER"

O acidente do Galaxy Note 7, ocorrido em 2016, ainda é lembrado por muita gente e foi a maior dificuldade que enfrentei. Isto aconteceu menos de um ano depois de me tornar presidente; no início foi apavorante, porque era algo que nunca tinha vivido.

As pessoas ao meu redor disseram que era uma crise corporativa. Até no exterior, isso foi chamado de crise. Naquela época, eu não conseguia dormir e chorava sozinho no escritório, pensando: "Por que diabos isso está acontecendo comigo?". Mas não havia tempo para lamentar. Resolver o problema era a prioridade. No final, decidimos recolher todos os produtos, compensar os clientes e descontinuar a série. Com a ajuda de organizações externas, universidades e laboratórios, começamos uma investigação rigorosa e minuciosa sobre o defeito do produto. Descobrimos, no ano seguinte, que se tratava de um defeito na própria bateria. Todos os nossos funcionários, dentro e fora da Coreia, se uniram para resolver o emaranhado de problemas, fio por fio, e um pequeno raio de luz começou a aparecer no fim daquele longo e escuro túnel.

Foi muito difícil, mas, ironicamente, não sofri nenhum colapso físico ou mental durante esse processo. Isso porque, como presidente, eu era o tomador de decisão final e, se entrasse em colapso, decepcionaria centenas de milhares de funcionários. Era disso que eu realmente tinha medo. Eu não poderia deixar a vergonha me vencer, então não tive escolha a não ser pensar: "Vou analisar a causa com transparência, assumir a responsabilidade e deixar a empresa".

No dicionário, *baesujin* é definido como "uma formação militar em linha de costas para o rio ou mar" e significa uma situação da qual não dá mais para se retirar. Em outras palavras, *baesujin* significa avançar sem recuar. O importante é vencer e viver com a prontidão para morrer. Não se trata de se sacrificar, mas de lutar por sua vida.

Como CEO na época, eu estava lutando para sobreviver, não apenas por mim, mas por todos nós, e estava desesperado por uma solução. Depois de passar vários dias em claro no escritório, peguei o elevador para ir para casa. Um dos funcionários entrou no elevador, no andar seguinte, e começou a chorar assim que me viu. Eu também estava com o coração apertado, mas não tinha mais nada a dizer além de: "Tudo será resolvido, não chore". Não consegui dizer: "Vou resolver tudo e ir embora". No entanto, ver aqueles funcionários fortaleceu minha determinação em garantir que todos pudessem sobreviver. Fiquei cada vez mais focado.

Na verdade, foi difícil assumir a responsabilidade por algo como o incidente do Note 7. Quase não houve lucro operacional naquele ano e dezenas de milhares de pessoas estiveram direta ou indiretamente envolvidas, considerando os consumidores de todo o mundo. Foi, de fato, uma crise desesperadora. Mas encarei como uma provação gerenciável, não como uma crise. Crise é o que sentimos quando há muitas variáveis que não conseguimos controlar. Porém, ao longo de três ou quatro semanas, o incidente do Note 7 tornou-se definido por variáveis que podíamos controlar, mesmo que fosse desafiador.

==O que concluí com essa experiência é que não existe solução mágica para superar uma crise. A única maneira é enfrentá-la sem recuar e ultrapassá-la de alguma forma.== Ou seja, não há outra maneira senão encarar o desafio de frente e lutar para vencer. E, quando se trata de *baesujin*, todos têm que fazer isso juntos – assim como todos os nossos funcionários se tornaram um só durante o incidente do Note 7.

A DETERMINAÇÃO DE "RESISTIR PARA SOBREVIVER"

Na verdade, pessoalmente, eu tive dificuldades maiores do que o incidente do Note 7. Para mim, a memória de ter feito o corte de funcionários no Reino Unido, em 2005, continua a ser uma dificuldade indescritível. Sempre que me lembro daquele momento, fico com o corpo e a mente entorpecidos. Na época, eu tinha sido nomeado chefe da equipe de recursos humanos na Europa e, alguns meses depois, fiquei responsável pelo centro de pesquisa local. Um ano depois, assumi integralmente o cargo de diretor do centro de pesquisa e entreguei a gestão de pessoal a meu sucessor.

Foi necessário muito estudo para entender o trabalho do centro, que desenvolvia software para o protocolo 3G. Foi difícil, mas graças ao trabalho árduo de todos, conseguimos concluir o desenvolvimento do protocolo 3G em 2004. Porém, a empresa decidiu não o levar adiante, devido aos riscos de comercialização. No fim, essa decisão me forçou a ter que despedir cerca de 190 funcionários de desenvolvimento.

Você se lembra que fiz sete visitas domiciliares para evitar que os funcionários deixassem o centro de pesquisa? Eu me esforcei muito para conquistar a confiança deles e, devido a isso, conseguimos trabalhar juntos, como um só. Mas agora eu mesmo tinha que demiti-los. Olhando em retrospecto, essa foi a maior provação da minha carreira.

A sede já havia decidido e, mesmo sendo contra, não tive como contestar, e ninguém podia me ajudar. Não havia nada que pudéssemos fazer além de transferir o software concluído para outro centro de pesquisa e esperar por um futuro melhor. Não consigo colocar em palavras quão frustrado fiquei ao me reunir com cada desenvolvedor, pedindo desculpas e prosseguindo com o processo de demissão. Fiquei tão arrasado pela sensação de limitação, de impotência, de não ter em quem me apoiar, que tomei uma decisão.

"Vou resistir para sobreviver. Nunca esquecerei o que aconteceu hoje e, no futuro, com certeza, restaurarei minha honra."

QUANDO "SÓ MAIS UM ANO" E "SÓ MAIS UM ANO" SE ACUMULAM

Dessa forma, resisti e superei duas grandes crises que enfrentei ao longo da carreira. Na verdade, talvez eu estivesse apenas resistindo porque não tinha forças para vencer e superar. Mas o que percebi foi que, não importa quão difícil ou grande seja a crise, se você resistir, pode eventualmente superá-la. É necessário dar um tempo a si mesmo, para poder seguir em frente novamente com corpo, mente e energia restaurados.

A "resistência" tem muito mais poder do que você imagina. Quando perdi a audição do ouvido esquerdo, em 2006, foi um dos momentos mais difíceis da minha vida. Ouvir apenas de um lado não significava apenas que eu tinha dificuldades para ouvir. No ouvido esquerdo, eu escutava, 24 horas por dia, zumbidos e som de gelo quebrando. Quando duas pessoas conversavam ao mesmo tempo em um restaurante ou em uma sala de reunião, eu não conseguia ouvir o que diziam. Quando me reunia com um parceiro de negócios, muitas vezes, pedia para repetir o que acabara de dizer, porque não entendia. Mesmo quando conversava com alguma pessoa, ela sempre tinha que ficar à minha direita para que eu pudesse ouvi-la.

Aconteceu algo assim, quando fiz uma viagem de negócios ao México. A alfândega me disse que seria preciso pagar uma multa porque havia muitas amostras de celulares na minha bagagem. Ouvi claramente a palavra hundred, então, na pressa, entreguei uma nota de cem dólares. Porém, os colegas que estavam comigo pareciam envergonhados. Acontece que não ouvi a palavra three antes. Não consigo ouvir a pronúncia de alguns sons, como th. Vi a expressão de pena no rosto dos meus colegas e tive um misto de sentimentos.

Mesmo assim, eu resisto. Eu dizia "só mais um ano, só mais um ano", e já se passaram mais de dezessete. Enfim, não havia mais nada a fazer a não ser resistir.

É claro que é um pouco pesado dizer à geração jovem de hoje que resistir é a única resposta. Aguentar só é possível para quem acumula tempo e esforço. Portanto, se você estiver passando por uma crise devido a um conflito dentro da empresa e não a um problema pessoal, recomendo que converse com seu superior para buscar ativamente uma solução. O líder de uma organização tem a responsabilidade de cuidar dos subordinados. Mas se seus seniores forem a fonte de sofrimento, recomendo procurar apoio psicológico, dentro ou fora da empresa; isso será de grande ajuda para fortalecer mente e corpo.

Além disso, desenvolver a "musculatura emocional" diariamente também será importante para enfrentar pequenas ou grandes crises. No meu caso, quando perdi a audição do ouvido esquerdo, continuar dizendo "só mais um ano, só mais um ano" foi eficaz, mas a musculatura emocional, que fortaleci ao longo dos anos, também desempenhou um papel significativo. Falarei mais sobre isso a seguir.

9.
Não confunda "desconforto" com "ansiedade"

> **Não tenho musculatura mental para lidar com as dificuldades. É possível treiná-la?**
>
> O cérebro humano e as emoções são tão complexos que mesmo a ciência moderna só consegue compreender uma pequena parte deles. Portanto, muitas vezes não entendemos bem as emoções de uma situação e acabamos confiando nos próprios palpites. Mas as coisas não acontecem apenas "porque sim". Devemos nos lembrar de que existe uma causa por trás de cada emoção e que é preciso identificá-la. Em particular, é importante não confundir "desconforto" com "ansiedade".

QUANDO O "INVERNO" DA VIDA CHEGA

Depois de ingressar na Samsung, em 1984, e trabalhar como funcionário e líder, nunca achei que fosse ser difícil. Não foi porque eu tinha habilidades excepcionais ou porque comecei a trabalhar em um departamento poderoso. Cada vez que algo surgia, eu simplesmente pensava: "Sim, isso é um pouco desconfortável, mas vai passar". Não costumo dizer: "Estou ansioso". Em vez disso, digo: "Estou desconfortável". A ansiedade é uma emoção vaga, mas o desconforto é um problema que pode ser resolvido. Se você estiver desconfortável, as coisas podem melhorar, dependendo do esforço que fizer; mas se estiver passando por maus bocados porque está ansioso, pode ser difícil encontrar uma saída.

É claro que ser desconfortável não significa que o processo de superação seja fácil. Eu também já me senti profundamente frustrado, como se estivesse afundando em um pântano sem fim. O pior momento foi em abril de 2006, quando terminei minha estada no Reino Unido e retornei à sede coreana. Depois de quatro meses agitados, por volta de agosto, desmaiei repentinamente por razões desconhecidas. Você já viu a obra *O grito*, de Munch? Tenho uma boa lembrança de ver essa cena, em que tudo fica distorcido, desenrolando-se diante dos meus olhos.

Depois daquele acidente, perdi a audição do ouvido esquerdo. A audição do ouvido direito também ficou comprometida e reduziu para cerca de 70%. Até hoje, com o esquerdo, ouço somente o som interminável de zumbidos e de água corrente. Na época, minha esposa me disse para largar o emprego, mas meu orgulho não permitiu. Respondi que tentaria por só mais um ano e, se não alcançasse os resultados que desejava, desistiria. Na época, eu precisava restaurar minha honra mais do que qualquer outra coisa.

Na verdade, posso até dizer que foi difícil, mas, para ser mais exato, o que senti foi um desconforto extremo. Nas reuniões, eu ficava muito frustrado, porque não conseguia ouvir direito o que as pessoas diziam. Com o tempo, aprendi a fazer leitura labial. Os detalhes que eu precisava verificar com precisão eram confirmados depois, para evitar problemas. De qualquer forma, ouvir com apenas um ouvido consumia o dobro de energia. Depois de uma ou duas reuniões, eu já estava cansado. E não tinha como revelar que não conseguia ouvir, então só poderia me esforçar para superar isso.

Se a vida tem suas estações, aquele foi o inverno mais rigoroso da minha. Depois disso, passei a usar aparelhos auditivos e, à medida que fui promovido a diretor e vice-presidente, pude ter conversas individuais na maior parte do tempo e confirmar tudo imediatamente. O inverno que parecia interminável acabou e, finalmente, uma primavera um pouco mais quente chegou.

Avaliando agora, não tem como dizer que não foi difícil. Porém, se eu tivesse desanimado e me lamentado, minha primavera poderia ter demorado muito, ou talvez nem tivesse chegado. Acho que consegui suportar e superar o desconforto porque o enfrentei em vez de evitá-lo.

A MENTE TAMBÉM PRECISA DE UM DETOX

Para alcançar o "corpo em forma" com que todos sonham, é necessário, primeiro, remover as toxinas do corpo, seguir uma dieta boa para os músculos e tomar vitaminas e suplementos. E, ao suportar exercícios pesados, dolorosos e difíceis, você constrói músculos e reduz a gordura. Porém, é frustrante que os músculos construídos durante semanas ou meses desapareçam em apenas um ou dois dias. É por isso que as pessoas que se preocupam muito com o corpo estão sempre em alerta e cuidando de si mesmas.

Com a mente não é muito diferente. Também leva tempo para fortalecer os músculos da mente. É necessário, além do tempo, autocuidado. Se o autocuidado com o corpo é ter uma dieta saudável e fazer exercícios com regularidade, autocuidado com a mente significa mantê-la aberta para receber as histórias que chegam.

Ouvir é o começo de todo crescimento. As pessoas que ouvem os superiores, colegas e subordinados estão se preparando para desenvolver músculos mentais. Ouvir é um passo preparatório porque o próximo é aumentar essa capacidade. Absorver muitas histórias requer um recipiente maior, mas há limites para aumentar rapidamente o tamanho desse recipiente. É aí que entra o detox.

Mesmo ao construir músculos corporais, é necessário algum grau de detox. Somente quando as toxinas acumuladas são expelidas é que as coisas saudáveis podem entrar e fazer seu trabalho. Com a mente também é assim. Há muitas maneiras de desintoxicar a mente, no entanto, a mais simples é praticar o hábito de não levar o estresse do dia anterior para o seguinte.

Antes de começar o dia, é preciso esvaziar a mente para que outras histórias possam entrar e ser armazenadas. Nada mais caberá em um recipiente cheio. O ato de esvaziar a mente pode ser diferente para cada pessoa. Para alguns, pode ser meditação, para outros, pode ser caminhada ou exercício. Eu, por exemplo, faço exercícios por pelo menos quarenta minutos pela manhã. Durante esse tempo, consigo apagar os resíduos do dia anterior e me preparar para começar um novo.

Depois de me tornar vice-presidente da Samsung, percebi que, sem querer, eu levantava a voz ou ficava irritado com os colegas de trabalho. Para evitar isso, comecei a reservar um tempo pela manhã para fazer exercícios e conseguir me reiniciar. É cientificamente comprovado que o estresse é liberado junto com o suor, então acredito que é um método de detox, do corpo e da mente, que vale a pena tentar.

É DESCONFORTO OU ANSIEDADE?

Se, após o detox, você já estiver preparado, o próximo passo é a definição. Definir significa fazer um julgamento objetivo sobre a situação em que se encontra. Isso significa que é preciso refletir sobre a essência das dificuldades. Na verdade, essa questão é um pouco delicada, porque a minha geração e a atual cresceram em contextos muito diferentes.

Minha geração era simplesmente pobre. Foi uma época de luta constante para suprir as necessidades básicas. Eu também passei por isso, mas, olhando para trás, percebo que minha situação era relativamente melhor. Garantir o pão de cada dia era a única coisa que importava na vida. Por isso, como já disse, desde o ensino médio, estabeleci uma meta para mim: "Quando eu tiver 40 anos, serei alguém que poderá comer *bulgogi* quando quiser".

No entanto, parece que todos que viveram naquela época, inclusive eu, aceitaram os desafios não como algo impossível, mas como algo desconfortável, que precisava ser encarado. Quando algo é difícil e desesperador, a primeira reação pode ser desistir, mas é possível suportar e superar o desconforto. Pode parecer apenas uma pequena diferença, mas os resultados com certeza serão diferentes. Esse pensamento não mudou mesmo depois que entrei na empresa. Então, gostaria de fazer uma pergunta àqueles que dizem não ter musculatura mental para superar as dificuldades.

O que você está enfrentando é realmente difícil de superar ou apenas desconfortável? Trata-se de dificuldade ou ansiedade?

Assim como na vida, existe um processo cíclico nas empresas. Será que você não está apenas passando por um inverno dentro desse processo? Ou não se esforçou o suficiente e, com o orgulho ferido, está encobrindo isso, argumentando que as coisas são difíceis?

◉◉◉

Os músculos da mente não são construídos da noite para o dia. Mais do que dedicação e esforço, é necessário um autocuidado completo. Em especial, faça um detox todas as manhãs para limpar a mente do estresse do dia anterior. À medida que esvazia sua mente e a preenche com coisas novas, o recipiente cresce e se torna mais forte. Se você der seu melhor todos os dias, depois de cinco, dez, quinze ou vinte anos, poderá ter uma mente maior, mais forte e mais corajosa, que ninguém conseguirá abalar. Essa é uma verdade imutável.

10.
Dedicação sem resultados não tem sentido

> **Eu me esforço, mas não está dando certo. O que devo fazer?**
>
> O esforço merece elogios. Mas também é o esperado. Muitos jovens na faixa dos 20 anos que ingressam em uma empresa se mostram dedicados, seja porque realmente são ou porque, observando o comportamento dos outros, se forçam a ser. Portanto, se você quiser ser diferente dos outros, não basta "apenas" ser dedicado; você deve sê-lo "com sabedoria".

"DESESPERO" E "DEDICAÇÃO" QUALQUER UM TEM

Quando me formei na faculdade e comecei minha carreira na Samsung, sem nada, fui apenas dedicado. Tinha que ser assim. Eu só tinha uma graduação, enquanto os outros eram formados em universidades de prestígio, tinham estudado no exterior e até feito doutorado. Que escolha eu tinha? O melhor a fazer era trabalhar com dedicação e comprometimento, desesperadamente. Mas aconteceu algo que foi como um soco no estômago: a mudança do escritório do instituto de pesquisa.

Hoje em dia basta guardar os pertences pessoais em uma caixa que uma empresa de mudanças cuida de tudo, mas, naquela época, eram os funcionários que carregavam mesas, cadeiras e até o tapete da sala do chefe. Pois bem, aquele dia, todos estavam muito suados e empoeirados de tanto carregar caixas, mas, na hora do almoço, um dos colegas apareceu no refeitório com o rosto limpo e radiante. Percebi que ele não estava ajudando com a mudança, então perguntei o que tinha acontecido.

— Pediram-me para traduzir alguns materiais em japonês, então fiz isso e agora vim para cá.

Depois de ouvir a resposta despreocupada do meu colega, fiquei atordoado por um momento. Na ocasião, eu não sabia falar japonês, mas pensei: "Ele está com o rosto limpinho só porque sabe japonês". E, naquela noite, fiquei novamente em choque por causa de outro episódio. Nosso chefe disse que todos tinham feito um ótimo trabalho e nos pagou um jantar. Ele serviu uma bebida para meu colega, aquele que não tinha ajudado na mudança e, com um sorriso radiante no rosto, disse que ele estava indo bem e que havia trabalhado muito. Porém, quando se aproximou de mim, disse, com uma expressão um tanto séria:

— Eu tinha grandes expectativas em relação a você, Koh Dongjin, mas as coisas ainda não estão dando certo.

Fiquei com a sensação de ter levado uma forte martelada na cabeça. Não importava quanto eu tinha me esforçado na mudança e ficado coberto de suor; no final, aos olhos do chefe, eu era apenas "uma pessoa que não conseguia fazer o trabalho direito". Fiquei profundamente perturbado por uma ou duas semanas. Não foi a pior das críticas, mas aquela linha de palavras me machucou mais do que qualquer reclamação ou conselho que eu poderia ter recebido. Quando pensei sobre isso, era meio óbvio. ==No desespero, qualquer um pode ser dedicado, especialmente quando se é novo na empresa. No final, percebi que "dedicação" sem "resultados" não é uma vantagem. Uma empresa só avalia resultados, ou seja, o desempenho.==

Depois disso, cancelei todos os meus compromissos durante a semana e comecei a estudar japonês e inglês em casa, depois do trabalho. E, mesmo agora, sou grato pelas palavras do meu chefe. Se não fosse por aquele comentário um tanto frio, talvez eu não tivesse ficado tão motivado. Se ficasse triste e ressentido, talvez nunca aproveitasse as oportunidades que surgiram e não teria chegado até aqui.

O EFEITO BORBOLETA DAS CRÍTICAS E CONSELHOS

Fui promovido a gerente-assistente três anos e seis meses após ingressar na empresa, cerca de seis meses antes dos meus contemporâneos. Meu objetivo era me tornar gerente e estudar no exterior, custeado pela empresa. Esse foi um dos planos que fiz durante meu segundo ano como funcionário.

    O motivo desse plano foi algo que minha mãe me dizia. Ela ficava desapontada por eu não ter feito pós-graduação, devido às circunstâncias familiares, e ter ingressado na empresa logo após a faculdade. Então, depois de ouvir a notícia de que o filho de uma amiga dela tinha sido enviado pela empresa para estudar no exterior, ela me perguntava toda semana:

    — Filho, a empresa tem planos de te enviar para estudar no exterior?

    Para ser sincero, eu não gostava de ser comparado ao filho da amiga da minha mãe, mas nunca demonstrei isso.

Foi uma época em que estudar fora do país não era possível, porque a empresa só oferecia programas de intercâmbio para quem era da engenharia. Eu sabia que a chance era mínima, mas não queria decepcionar minha mãe, por isso sempre respondia que, se me saísse bem, chegaria um momento em que a empresa me reconheceria e me ofereceria a vaga. As palavras de minha mãe, que poderiam ter sido chatas e irritantes, na verdade se tornaram a força motriz para minha decisão de dizer: "Preciso fazer a empresa perceber meu esforço e me enviar para estudar no exterior". Então, fiz o IELTS, organizado pelo British Council, e consegui uma pontuação de cerca de 6,5. Foi o resultado de certo esforço.

Com esse resultado em mãos, procurei o gerente de RH e, nervoso, perguntei sobre a possibilidade de me candidatar a um programa de mestrado no exterior. Ele respondeu:

— Hum... já estava pensando em você como candidato! Você precisa ir para uma boa universidade!

Para ser sincero, eu estava pensando em me demitir da empresa, caso não me apoiassem a estudar no exterior. Mas quando soube que era um candidato, automaticamente me curvei para demonstrar minha gratidão. Além disso, percebi que, se eu não tivesse começado a estudar japonês depois do choque de ter ouvido o comentário duro do meu chefe, e se não tivesse usado as perguntas incômodas da minha mãe como motivação, jamais teria recebido essa notícia do RH.

A FORÇA MOTRIZ PARA O CRESCIMENTO ESTÁ PRÓXIMA

Talvez por ouvir as pessoas que apontaram minhas falhas e refletir sobre minhas realizações, desenvolvi o hábito de prestar atenção no que me dizem. O crescimento pessoal é baseado nos próprios esforços, mas, às vezes, conselhos e críticas podem alimentá-los. Tentar rebater dizendo "Não quero ouvir isso" ou "Por que está me dizendo isso? Vá cuidar da sua vida", não ajudará no seu desenvolvimento. Por outro lado, refletir sobre o motivo de estarem te dizendo essas coisas certamente será mais útil.

Se tivesse encarado a pergunta persistente de minha mãe como "Sou obrigado a ouvir isso por conta do filho perfeito da amiga dela", eu poderia não cogitar me candidatar a um mestrado no exterior e permanecer como uma pessoa que trabalha diligentemente. Porém, considerando o interesse e amor dela envolvidos nessa pergunta, resolvi ouvi-la, e isso se tornou o impulso que me permitiu continuar estudando inglês e manter meu sonho.

A diferença entre conselho e crítica é clara. Se a pessoa que transmite a mensagem deixa de lado suas emoções, pelo bem da outra pessoa, é um conselho, mas se ela fica irritada porque sua atitude difere dos pensamentos dela, então é uma crítica. No entanto, do ponto de vista de quem está transmitindo a mensagem, tudo é conselho.

O importante é saber receber o que for útil para seu crescimento, seja um conselho ou uma reclamação. Para isso, é preciso primeiro reconhecer as próprias limitações.

Eu também conhecia todas as minhas falhas, então apenas absorvia as palavras que ouvia como uma esponja. Não desconsiderei as palavras do meu chefe ou as da minha mãe porque tinha consciência das minhas limitações.

Recomendo que, em sua vida profissional, você ouça atentamente o que as pessoas a seu redor dizem. É claro que é responsabilidade de cada um aceitar e colocar isso em prática, mas espero que você tenha a sabedoria de ouvir críticas como um conselho, aceitá-las com gratidão e usá-las como uma força motriz para o crescimento. Um dia, você perceberá que todas essas coisas se tornam ferramentas que melhoram a sua competitividade.

FEEDBACK 360 GRAUS É IMPORTANTE

Quando fui chefe da divisão IM,[7] em 2019, eu conduzi uma avaliação 360 graus para líderes e liderados. A avaliação 360 graus consiste em avaliar a pessoa conforme a

---

7. IM (TI e comunicações móveis). Era uma das três principais divisões da Samsung Electronics, que lidava com negócios relacionados a produtos/serviços de comunicação com e sem fio, como celulares, tablets, equipamentos de rede etc.

perspectiva de todos a seu redor. Com isso, é possível ter um panorama do que é necessário para se desenvolver e melhorar. Naquela época, recebi alguns feedbacks, como "Sou facilmente influenciável"; "Às vezes, tendo a ouvir apenas opiniões nas quais quero acreditar"; "Preciso agilizar minha tomada de decisão sobre as operações". Fiquei um tanto surpreso com esses comentários. Achava que a tomada rápida de decisão era meu ponto mais forte. Durante o processo de empowerment, deixava os gestores e líderes de equipe tomarem decisões, e acho que isso foi encarado de outra forma. Esse feedback serviu como uma oportunidade para reavaliar meu método de tomada de decisão.

É por isso que o feedback 360 graus é importante. Ou seja, você não deve ouvir apenas um lado da história, mas considerar a opinião de várias pessoas, para poder fazer um julgamento objetivo e abrangente sobre si mesmo. O que é importante na autogestão é a atitude de pensar "tudo em 360 graus".

11.
Condições para o sucesso na era da IA: talento exponencial

> **Os tempos estão mudando à velocidade da luz. Como podemos acompanhar o ritmo?**
>
> Vivemos numa época de tremendas mudanças diárias, tanto que parece que o mundo já é outro quando acordamos. O que precisamos saber e aprender aumenta exponencialmente. Certa vez, me perguntaram como podemos acompanhar as transformações dos tempos, e só há uma resposta: para acompanhar as "mudanças exponenciais", é preciso se transformar em um "talento exponencial".

É NATURAL NÃO SABER, MAS...

Embora as mudanças em outros campos sejam notáveis, o campo de TI desenvolveu-se à velocidade da luz na última década. O que se sabe hoje em breve estará obsoleto, e surgem novas tecnologias que se tornam convencionais em um período extremamente curto. Quais condições são necessárias para sobreviver, ou mesmo ter sucesso, nesta era? Acredito que precisamos nos tornar "talentos exponenciais". A seguir, vamos entender melhor o que é e como nos preparar.

Desde meu período como chefe do departamento de desenvolvimento de redes móveis até o de CEO, não apenas tive conversas frequentes com executivos como também respondi diretamente a postagens e perguntas relacionadas a mim por meio da rede de comunicação da empresa. Por causa disso, há alguns anos, a mídia me chamou de "Rei da Comunicação". Mas, na verdade, o modo como me comunico foi uma escolha que fiz porque sentia que era preciso.

Em 2000, quando assumi a direção do centro de pesquisa, sem saber nada sobre software, tive que aprender tudo sobre protocolo de desenvolvimento de software para celulares. Minha rotina diária consistia em ouvir explicações de desenvolvedores e estudar o dia todo. Nesse contexto, comunicação era "estudo" e "aprendizado" para mim. Naquele ambiente, minha única escolha era ouvir.

Depois de voltar à Coreia, assumi o planejamento de novos produtos, e era um mundo completamente diferente. Como não entendia nada, não tive opção, senão aprender novamente. Era minha rotina diária levar para casa de vinte a trinta modelos de celulares e estudar as diferenças entre eles, da memória ao display. Aos fins de semana, eu visitava empresas de moldagem para aprender sobre o que era a deposição de vapor[8] e como os concorrentes faziam o design e o acabamento. Mesmo quando me tornei chefe do departamento de desenvolvimento de redes móveis, a situação era a mesma. Independentemente de quanto eu estudasse, não conseguiria saber mais do que os desenvolvedores. Eu conversava com desenvolvedores juniores e visitava empresas parceiras para aprender mais.

Tentava aprender, mas, antes que eu percebesse, havia me tornado uma pessoa que ouvia e se comunicava bem, tanto com subordinados quanto com empresas parceiras. Fiquei um pouco envergonhado com a avaliação inesperada e senti que deveria ser mais humilde. Também solidificou o pensamento de que "a comunicação realmente

---

8. PVD (deposição física de vapor). Um método para atomizar, no vácuo, materiais metálicos e não metálicos em nanopartículas para fixá-los na superfície a ser revestida. É usado principalmente como método de revestimento externo para celulares.

começa com a escuta". (Falarei sobre a importância da comunicação e da escuta mais adiante.)

Achei que as coisas iriam melhorar quando me tornasse presidente, mas a quantidade de informações que eu precisava absorver aumentou na mesma proporção. Os chefes de cada departamento me relatavam as principais questões e, para entendê-las e tomar decisões, eu precisava compreender os diversos conteúdos resumidos no relatório. E o que eu fazia? Ouvia de novo.

A essa altura, fui muito cuidadoso e cauteloso. Como tive que aprender sobre áreas nas quais não tinha experiência aprofundada, como vendas, marketing e produção, o número de coisas para estudar triplicou. Ouvi repetidamente, preenchendo as lacunas tanto quanto pude, até entender exatamente o que os outros estavam dizendo. A partir daí, comecei a dar opiniões. Claro, não importava quanto soubesse, eu não era especialista na área, então, em vez de decidir, apenas sugeria: "O que você acha de tentar dessa forma?". Como se tratava de algo sobre o qual a maioria dos executivos já havia pensado bastante, eles rapidamente compreendiam minha sugestão e voltavam com propostas melhores e corrigidas. Evidentemente, poderia ter sido mais rápido se eu tivesse dado a ordem imediata. No entanto, queria continuar a enfatizar a mensagem: "Você é o mestre do seu trabalho". E acreditei que só assim seria possível uma comunicação verdadeira.

Acabei me alongando na minha história, mas é porque há uma pitada de talento exponencial bem aqui. Conforme o livro *Organizações exponenciais*, de Salim Ismail, o primeiro diretor executivo da Singularity University, fundada pelo futurista Ray Kurzweil, "empresas exponenciais" são aquelas que, ao utilizar ativamente tecnologias de ponta, conseguem desempenho pelo menos dez vezes maior que o das concorrentes. "Talento exponencial" é inspirado nesse conceito e se refere a uma pessoa que, em uma era de constantes mudanças, adquire e utiliza rapidamente novos conhecimentos e informações para alcançar resultados.

É natural não saber tudo. Nos dias de hoje, em que coisas novas aparecem a cada piscar de olhos, é impossível conhecer tudo. No entanto, a diferença entre pessoas bem-sucedidas e malsucedidas está na forma como elas reagem: se lamentam ou se aprendem ativamente o que não sabem. E a melhor forma de aprender é por meio da comunicação, que começa com a escuta, a qual se inicia com a ânsia por conhecimento.

O NÚCLEO DA COMUNICAÇÃO É UM "APRENDIZADO DE MÃO DUPLA"

A comunicação é ainda mais importante porque é uma ferramenta para o "aprendizado de mão dupla". Isso significa que você pode aprender ouvindo, mas também pode ensinar por meio da escuta. Em particular, os superiores e os funcionários seniores devem ouvir atentamente as histórias de colaboradores em posições mais baixas, que estão munidos de novos conhecimentos. Quando alguém ouve o que temos a dizer, naturalmente ficamos entusiasmados para estudar e aprender mais. Em outras palavras, para incentivar o desenvolvimento dos juniores, é preciso deixar de lado as repreensões e a mania de querer saber tudo, e ouvi-los com atenção. Se ficar corrigindo sem de fato saber ("Mas não é desse jeito?"), você corre o risco de ser rotulado como uma pessoa intransigente, e não haverá liberdade para comunicação.

Então, como seria uma comunicação adequada para aprender e ensinar? Quando as pessoas com quem trabalho me perguntam se estão se comunicando bem ou se há alguma falha, sempre respondo com duas questões: "Quantos minutos você conversa com seus filhos?"; e "Quão profundo é seu relacionamento com seu cônjuge?".

Claro, também não sou perfeito nesse sentido. No entanto, faço essas perguntas porque sei onde começa a comunicação. A maioria das pessoas que conversa muito com a família não tem grandes problemas de comunicação no trabalho. O fato é que é fácil ignorar o que as pessoas mais próximas estão dizendo. Então, será que alguém que considera irritante o que os pais dizem e inútil a maior parte das coisas que o cônjuge diz vai conseguir se comunicar adequadamente fora de casa?

A comunicação não começa com o que está distante, e sim com o que está mais próximo de nós: as histórias da família, dos colegas, tanto seniores quanto juniores. Em outras palavras, a comunicação consiste em ouvir e entender o que o outro diz. A frase *yicheongdeukshim*, presente em Os *Analectos*, de Confúcio, fala claramente da essência da comunicação: ao ouvir, podemos conquistar o coração da outra pessoa.

Há superiores que reúnem os colaboradores, servem bebidas e os pressionam a conversar. Mas isso não é comunicação. Jantares e reuniões de empresa são aspectos significativos da cultura organizacional, mas forçar as pessoas a falarem em um ambiente artificial é um pedido unilateral que não se baseia na escuta. As pessoas que trabalham juntas naturalmente se conhecem e se comunicam enquanto fazem suas tarefas. É mais inato comunicar por meio desse tipo de troca, mas, mesmo aqui, o básico é a atitude de escuta dos seniores.

TRÊS COISAS PARA TER EM MENTE AO SE COMUNICAR

Escuta e compreensão não ocorrem apenas nas conversas. Do ponto de vista de um sênior ou superior, eles ouvem de maneira direta as histórias dos subordinados, mas também se comunicam indiretamente por meio de relatórios ou e-mails. É por isso que feedback é importante. Dependendo do tipo de retorno, você pode fornecer conhecimento, informações e sabedoria que ajudarão seus subordinados a crescerem e se tornarem talentos exponenciais, ou pode criar uma situação infeliz e acabar destruindo a motivação deles. O mesmo vale para mensagens de texto.

É para melhorar esse tipo de comunicação que os seniores ou superiores acima do cargo de gerente deveriam se esforçar mais. Isso ocorre porque a geração atual não está acostumada à comunicação direta. Os jovens estão mais habituados a transmitir emoções em fragmentos, pelas redes sociais, mensagens e emoticons, e pode ser estranho para eles emitirem opiniões diretamente ou tirar conclusões por meio de conversas. Por isso, a comunicação só pode ser realizada sem problemas quando os seniores prestam mais atenção e se esforçam para facilitá-la.

A parte encorajadora é que, no caso dos millenials e da geração Z, uma vez formadas as relações interpessoais, após certo período de adaptação, eles não hesitam em se comunicar e realmente falam com honestidade e confiança. Essa é uma diferença que posso sentir com mais clareza porque meus filhos são dessa geração. No entanto, há algumas coisas com as quais devemos ter cuidado, sobretudo quando se trata do aprendizado de mão dupla.

1. Você só deve dizer o que realmente sabe

Independentemente de quem seja a outra pessoa, você deve dizer a ela que não sabe ou que dará uma resposta depois de verificar. Reconhecer que não sabe é a verdadeira sabedoria. E somente reconhecendo o que você não sabe é que, estudando e aprendendo, você poderá se autodesenvolver.

2. As palavras não devem mudar

O que você disse ontem deve ser igual ao que diz hoje. Embora "o tom e a maneira" possam variar, dependendo do interlocutor, o conteúdo essencial deve permanecer o mesmo. O mundo é menor do que você pensa. Quando as palavras mudam, surgem mal-entendidos que podem se transformar em um problema de confiança. Além disso, se as palavras de um sênior ou superior mudam com frequência, os subordinados ficam confusos sobre o que aceitar e aprender. Isso, sem dúvida, se torna um obstáculo ao crescimento.

3. Você deve se esforçar para ser atencioso e ter mente aberta

Se, por achar que sabe mais que os outros, você fica distante e lança palavras com espinhos, acabará destruindo a si mesmo. Às vezes, é bom verificar a maneira como se comunica. Pessoas próximas, que se preocupam com você, vão dizer a verdade. Nunca ignore os rumores sobre você, mesmo que sejam apenas "disse-me-disse". Pode haver neles erros que você cometeu sem perceber. Saber disso e fazer esforços para não os repetir torna-se a força motriz do crescimento.

Dessa forma, a comunicação começa com a escuta. Isso é o básico. A organização de uma empresa é um lugar muito dinâmico. É onde você deve correr de 200 a 300 km/h para alcançar bons resultados. Então, quanto mais alto você sobe, mais precisa reconhecer a importância da comunicação e se esforçar mais. Para se tornar um talento exponencial, você deve estar aberto ao vaivém de conhecimentos e informações, mas também deve investir na comunicação exponencial com todos, seniores, pares e juniores.

12.
Você tem SOP?

> **Pretendo ser um multijogador. Ter muitos interesses é uma vantagem ou uma desvantagem?**
>
> Você precisa considerar se está realmente interessado em muitas áreas ou se apenas está com problemas para se concentrar no trabalho. O local de trabalho é onde você cumpre seu trabalho. "Aprender no trabalho" vale para quem está se familiarizando com as tarefas; esse não é um ambiente para ensinar tudo passo a passo, um por um, como na escola. Portanto, na empresa, mais do que em qualquer outro lugar, é necessário ter seleção e foco.

O QUE É *PAKIJEONG* NA VIDA PROFISSIONAL?

Para ser reconhecido como trabalhador, como profissional, você deve pensar em *pakijeong*, que significa "conhecer amplamente muitas áreas, mas conhecer profundamente pelo menos uma delas". Em outras palavras, trata-se de observar as árvores, mas também a floresta como um todo.

Na vida profissional, *pakijeong* começa com a compreensão abrangente de seu trabalho. Depois de aceitar uma tarefa de forma integral, você deve se aprofundar no conhecimento especializado. As pessoas que se especializam e crescem na sua área acabam se destacando. Em outras palavras, você deve ter um pensamento sistêmico, que compreenda o fluxo e o contexto, e prestar muita atenção aos pequenos detalhes.

Então, o que se deve fazer para internalizar o *pakijeong*? Devemos nos inscrever em algum curso agora mesmo e aprender algo novo? Existe uma maneira simples de fazer isso, mas que, surpreendentemente, não é muito praticada: a escuta atenta. Quem ouve com interesse as histórias dos colegas de trabalho refina seu conhecimento de amplo para especializado. Com o tempo, você cria um conjunto de habilidades e pode tornar-se uma pessoa talentosa em quem os superiores e subordinados confiam e para quem delegam responsabilidades.

Uma das coisas a observar no processo de prática de *pakijeong* é se você de fato sabe o que está dizendo. Você pode descobrir observando como se comporta em uma apresentação.

Durante sua carreira, você vai frequentemente se deparar com oportunidades de fazer apresentações, seja em reuniões grandes ou pequenas. Explicar bem o que está fazendo influencia como suas habilidades serão reconhecidas ou avaliadas. Comunicar bem o que se sabe é uma parte importante da vida organizacional. Muitas pessoas pensam que sabem, mas, na hora de explicar, acabam gaguejando ou congelando diante de perguntas inesperadas. Às vezes, alguns chefes ou seniores fazem perguntas difíceis; a pessoa, envergonhada e quase perdendo a compostura, dá uma desculpa:

— Eu me preparei bem e sabia o que estava falando... só não consegui expressar. Além disso, com perguntas assim, fico intimidado e esqueço tudo que sei.

No entanto, não é um caso de dificuldade de se expressar, de não entender os pontos principais, ou de se sentir intimidado: simplesmente não havia um embasamento firme para expressar a própria opinião. Não importa a complexidade da pergunta, uma compreensão clara do tema dá segurança para respondê-la. Mesmo que não seja necessariamente a resposta perfeita, você deve dar a melhor resposta possível conforme o que sabe.

Portanto, é importante ter um conhecimento amplo e profundo, mas se certifique constantemente de que o domina. Sobretudo nos anos iniciais, antes de se tornar supervisor ou executivo, você precisa fazer um esforço para transmitir com autoridade o que sabe. Para fazer isso, você precisa saber o que está falando.

MULTIJOGADOR *VERSUS* ESPECIALISTA

Todo esse processo requer tempo. Então, ao começar no mercado de trabalho, recomendo que deixe de lado outros interesses e se concentre em seu emprego. Antes de se tornar um multijogador, é preciso se tornar especialista.

Leva tempo entender a fundo e dominar o trabalho, e ainda mais tempo aceitar a diversidade relacionada a ele. Qualquer um que já esteve imerso no trabalho concorda que 24 horas não é muito tempo. Às vezes, a definição de multijogador é mal interpretada como "alguém bom em tudo", e muitos se gabam de seus excelentes conhecimentos e habilidades em vários campos além do profissional. Mas a maioria dessas pessoas está longe de ser um multijogador no trabalho. Ser um "multijogador no trabalho" significa "ter e desempenhar habilidades, de forma eficaz, em diversas áreas relacionadas à sua função". Quando você está correndo para aprender e dominar aspectos do trabalho relacionados entre si, voltar a atenção para interesses completamente diferentes só aumenta a possibilidade de não conseguir fazer direito nem um nem outro.

Em uma empresa, SOP é a força vital. SOP significa velocidade (speed), mentalidade de dono (ownership) e paixão (passion). Se você tiver esses três, crescerá de forma rápida, mas, se faltar algum, acabará trilhando um caminho comum. Para quem está começando, a velocidade é muito necessária, e, para trabalhar bem e com rapidez, é preciso tempo para se concentrar. Se um trabalhador realizar o trabalho rapidamente, seus superiores ou colegas mais experientes poderão compensar quaisquer deficiências. Porém, se ele demorar e perder o timing, nada poderá ser feito depois disso. É por isso que velocidade é uma força vital.

Se alguém que sonha ser multijogador consegue dominar e desfrutar de vários campos e interesses diferentes, não seria ele sobrenatural?

A EMPRESA ESTÁ ACOMPANHANDO TUDO

O trabalho é um local onde se reúnem os profissionais remunerados por seu serviço. A empresa é uma organização que deve buscar o lucro, e os indivíduos devem manter em mente que são membros dessa empresa. Se uma organização que busca o lucro desaparecer, não haverá benefícios, e se não houver organização, ninguém conseguirá se desenvolver profissionalmente por meio dela. Essa ordem não pode ser alterada.

É inerente das empresas observar o movimento de cada funcionário. Se você faz bem seu trabalho, de forma perfeita, e ainda se dedica a hobbies ou à vida pessoal, ouvirá as pessoas dizerem: "Uau, você é talentoso!". Se for o oposto, ouvirá: "Mal faz o trabalho e ainda perde tempo com várias coisas sem sentido... Como quer viver daqui para a frente?".

Isso não significa que você não deve se interessar por outra coisa além do trabalho. É importante diversificar interesses. O cérebro e as habilidades humanas criam limitações, mesmo sem percebermos. Se você se concentrar em apenas uma coisa, sua perspectiva se tornará estreita e seus pensamentos e ações se tornarão insignificantes. Se você é chamado de cabeça-dura, ou de viciado em trabalho, é necessário expandir seus interesses e derrubar as barreiras que impedem a ampliação de seu cérebro e de suas habilidades.

Você pode se dedicar a muitas coisas de seu interesse fora do trabalho. Na década de 1980, em vez de serem negociadas pelo celular como agora, as ações eram ordenadas por telefone às 9 horas da manhã, quando o mercado abria. Entre meus colegas, havia alguns que já começavam o dia negociando ações. Esses amigos muitas vezes revelavam seus diversos interesses durante nossas conversas, mas, com o passar do tempo, nenhum deles se saiu bem no trabalho. Ao contrário dessa época, quando os interesses eram um tanto limitados, agora as áreas de interesse tornaram-se muito mais diversificadas. Pode ser um interesse em hobbies, atividades de lazer, ou até em investimentos financeiros e aumento de patrimônio. E vivemos em uma sociedade que incentiva e valoriza essa diversidade.

Porém, minha recomendação é adiar esses interesses por pelo menos três a cinco anos após ingressar na empresa. Quando você integra uma organização, é importante ser fiel ao trabalho por alguns anos. É bom ter outros interesses, mas desempenhar bem sua função é o mais importante no mundo corporativo. Se você trabalha como freelancer, talvez não seja necessário fazer isso. Porém, quando se é um funcionário contratado, seu trabalho e responsabilidade devem ser prioridades. Em outras palavras, requer seleção e concentração.

Conforme mencionei, a empresa é um local de trabalho e não uma escola de desenvolvimento pessoal. É claro que você recebe incumbências de acordo com seu desempenho e é monitorado por mentores e superiores. Como indivíduo, você é livre para gerir as horas de seu dia. No entanto, dentro da empresa, ou seja, durante o expediente, enquanto está investindo tempo e esforço no trabalho, é necessário ter concentração, porque é isso que define o contrato entre você e a empresa.

13.
A força de rotação de quem é bom no trabalho

> **Não sei ser multitarefa. Como faço para superar isso?**
>
> Como já abordado, há momentos em que confundimos ter muitos interesses com ser multitarefa. Mas são coisas diferentes. Se a primeira é uma distração, a segunda é a capacidade de controlar a variedade. Basta pensar se os fios do trabalho que você segura estão emaranhados ou se cada um está bem preso e esticado.

MULTITAREFA É, EM ÚLTIMA ANÁLISE, "EQUILIBRAR PRATOS"

Simplificando, o multitarefa é como o malabarista equilibrando pratos. Ele primeiro coloca um prato em cima de uma haste e começa a girá-lo. Depois, um a um, ele coloca outros pratos em hastes diferentes, girando-os também. No entanto, a rotação do primeiro não pode diminuir. Embora o tempo de início de cada prato seja diferente, todos giram na mesma velocidade e em alturas diferentes.

Com o trabalho multitarefa não é diferente. É necessário observar constantemente várias tarefas e cuidar para que nenhuma delas falhe ou dê errado. Entretanto, não se deve confundir multitarefa com distração, ou seja, por curiosidade excessiva em diversos assuntos, acabar se envolvendo em várias atividades ao mesmo tempo. As pessoas que não conseguem ser multitarefas costumam dizer: "Quando estou imerso em alguma coisa, muitas vezes, me esqueço de outras. Antes que eu perceba, já deixei passar"; ou ainda, "Quando tento fazer duas ou três coisas ao mesmo tempo, não termino nenhuma. À medida que minha carreira avança, percebo que devo focar em alguns temas e priorizá-los, mas não sei se tenho essa capacidade."

Ou seja, a pessoa não está transbordando de interesse por diversas áreas, apenas não sabe como controlá-las.

A capacidade de controlar vários tópicos também pode ser chamada de "força de rotação". Na Física, força de rotação se refere à carga necessária para girar um objeto, mas, na vida profissional, é a capacidade de equilibrar as tarefas de forma eficiente.

Esta é uma habilidade que se torna mais necessária à medida que o tempo passa. Os iniciantes no mercado de trabalho se concentram em fazer bem as atividades que lhes foram atribuídas e em aprofundar suas competências profissionais em determinada área, o que já consome bastante tempo. No entanto, tornar-se gerente ou executivo requer analisar várias atividades de diferentes áreas de maneira abrangente, em vez de se concentrar em apenas uma. Não basta apenas cuidar do próprio trabalho e o da equipe; também é preciso colaborar com outros departamentos e com demandas de outras equipes ao mesmo tempo. Pode ser preciso abandonar uma tarefa antes de completá-la e passar imediatamente para outra. Ou seja, é como ter vários interruptores de trabalho instalados no corpo, que precisam ser ligados e desligados, um por um ou ao mesmo tempo, conforme a necessidade.

Então, como se esforçar e que tipo de treinamento fazer para se tornar um multijogador e um multitarefa?

A maneira mais simples é criar uma lista de tarefas. Além dessa lista de tarefas para o dia seguinte e da autoavaliação antes de sair do trabalho, você também precisa de uma lista mais ampla, para acompanhar tarefas semanais e mensais. Uma dica é reservar de 50% a 70% de tempo para as tarefas urgentes que poderão ser solicitadas pelos colegas. Ademais, depois de criar a lista, é necessário ter um processo de execução e verificação.

Para referência, no meu caso, eu também anotava datas comemorativas de colegas de trabalho na lista. À medida que desenvolvi o hábito de não perder os pequenos detalhes, como dar parabéns e condolências, a comunicação no trabalho se ampliou e o vínculo entre funcionários tornou-se mais forte.

Acima de tudo, ao criar e executar uma lista, é fundamental fazer perguntas a si mesmo de vez em quando: "Fiz tudo o que deveria ter feito? Não há mais nada?"; "Este assunto tem alguma coisa a ver com outros departamentos?"; "Será que, ao contrário do que penso, na verdade não terminei?".

Ao se questionar de várias perspectivas, você pode encontrar e preencher quaisquer lacunas que possa ter deixado passar. O processo de fazer esses questionamentos e de identificar ajustes é o início da multitarefa.

O TRABALHO NUNCA PODE SER FEITO SOZINHO

Por volta de 2006, os "feature phones" eram a grande tendência. Na época, o escritório de desenvolvimento da divisão de dispositivos móveis da Samsung Electronics estava dividido em dois locais: Suwon e Gumi. Após retornar do Reino Unido e trabalhar na equipe de planejamento de produtos, fui transferido, em 2007, para a equipe de gerenciamento de desenvolvimento, na qual recebi a missão de unificar esses dois departamentos.

Na época, a equipe de gerenciamento de desenvolvimento tinha entre trinta e quarenta funcionários, e as responsabilidades incluíam a verificação, que era a etapa posterior do desenvolvimento, e colaboração com a equipe técnica para coordenar o desenvolvimento do produto com a produção. Como o número de projetos operados no escritório de desenvolvimento atingia aproximadamente trezentos por ano, havia, literalmente, uma montanha de trabalho. Como apenas trinta e poucas pessoas tinham que gerenciar tantos projetos, o horário de saída padrão era às 22 horas. Não obstante, a equipe se tornou uma organização central, que conectava planejamento de produtos, marketing, vendas, confiabilidade da tecnologia de produtos e produção. É claro que o time de gerenciamento de desenvolvimento recebia elogios de vez em quando, mas era mais frequente lidar com críticas, situações desafiadoras e problemas que precisavam ser resolvidos.

Como os celulares não eram vendidos apenas no mercado interno, cada região, como Europa e Américas, tinha suas responsabilidades, e, se não obtivéssemos os resultados esperados, havia intensa pressão para sermos criticados pela alta administração nas reuniões semanais. Não era um ambiente com o qual eu poderia lidar sozinho.

Numa situação em que eu não conseguiria ser um multijogador, mesmo dividindo o corpo em cem pedaços, meus colegas tornaram meu trabalho possível. Ao identificar problemas esperados no desenvolvimento ou coordenar antecipadamente as próximas etapas com o departamento de tecnologia do produto, já ficávamos dois passos à frente, o que me ajudava, como executivo, a tomar decisões rápidas e progredir. Depois de sistematizar todo o processo e entendê-lo em detalhes, as tarefas, antes dispersas, foram se organizando aos poucos. É como observar a bagunça da mudança ser organizada de caixa em caixa.

Em outras palavras, o mais importante na multitarefa é a colaboração com e dos colegas. Você deve confiar neles e conseguir absorver as habilidades deles na sua própria forma multitarefa de trabalhar. O trabalho na empresa nunca é solitário. ==Não importa quão talentosa e notável uma pessoa seja, ela não pode alcançar o sucesso trabalhando sozinha. Portanto, saber trabalhar em equipe é uma virtude básica e uma habilidade excepcional.==

PRIMEIRO, "LIMITADO"; DEPOIS, "AMPLO"

Confiar nos colegas e absorver as habilidades deles na própria forma multitarefa de trabalhar também significa romper com a mentalidade limitada. Se um pé está plantado no campo de trabalho intenso, o outro deve estar esticado na direção de outro campo, em um mundo mais amplo. E você deve ser capaz de aproveitar com sabedoria o espaço mental que esse pé que está para fora proporciona. Por isso, depois de passar os primeiros anos focando no trabalho e se aprofundando, recomendo estudar da forma mais diversificada possível, ter hobbies e ampliar os horizontes. Mesmo por meio da leitura, que é o método mais fácil, devemos constantemente encontrar campos e mundos diferentes do nosso.

Para técnicos, como engenheiros, recomendaria a leitura de livros de áreas que os ajudem a compreender e pensar sobre as tendências da época, como história, sociologia e filosofia. Quando você aprende como a história funciona, sua perspectiva se amplia. Para quem não é da tecnologia, recomendo olhar para a história da tecnologia e da ciência, e o impacto do desenvolvimento tecnológico no mundo a partir de meados do século XIX.

Em particular, prefiro escolher livros de "volume único" para poder entender o fluxo histórico em linha de tempo. A história não flui numa única direção; é formada por várias interconexões, que exigem uma perspectiva abrangente para serem compreendidas. Você pode pensar nisso como um jogo de damas: é preciso olhar para o tabuleiro como um todo, encontrar formas inteligentes de movimentação e, estrategicamente, descobrir uma maneira de vencer.

À medida que sua perspectiva se amplia, você desenvolve as habilidades necessárias para ser um multijogador e identificar os pontos-chave. Mas isso não acontece da noite para o dia. No início, é importante se concentrar no trabalho para criar profundidade, mas, conforme vai ganhando mais segurança, levante a cabeça, observe o que está ao redor e desenhe um "fluxograma da vida". Esforçar-se mais proporciona uma compreensão do fluxo e da essência do trabalho, e, consequentemente, o habilita a tornar-se um multijogador.

14.
"Certa" *versus* "qualquer": personalização de perguntas

> **Até que ponto é razoável fazer perguntas?**
>
> Fazer perguntas do jeito certo traz progresso. É natural perguntar sobre algo que não sabemos, mas, às vezes, é preciso avaliar se as perguntas são realmente por curiosidade ou a expressão de algum descontentamento mascarado de dúvida.

"ESTOU NO CAMINHO CERTO?"

Todas as perguntas devem ser feitas primeiro a si mesmo. Em outras palavras, a questão precisa ser personalizada. No meu caso, a maior questão era: "Estou no caminho certo?".

Ao fazer essa pergunta em relação a tudo que vivenciava, naturalmente comecei a me autoavaliar. Como a pergunta era dirigida a mim e não a outros, a resposta só poderia vir de mim mesmo. Com o passar do tempo e com mais experiência, comecei a ver algumas fórmulas para perguntas que eu poderia fazer. Este é o poder da pergunta "bem feita".

Quem faz perguntas a si mesmo está mais preparado para receber boas respostas dos outros. Vou explicar.

Uma pessoa dedicada no trabalho geralmente faz perguntas mais contextualizadas. Como ela já tem uma visão mais ampla, consegue fazer perguntas mais focadas, apontando os pontos-chave, e quem responde também terá um escopo claro da pergunta. Sempre há um gargalo no trabalho, e, pelas perguntas, um sênior ou superior pode descobrir se um júnior está se aproximando do gargalo e se preocupando com ele, ou apenas divagando, fazendo perguntas sem sentido.

Claro, a avaliação do superior pode ser: "Se ele resolver isso, poderá ir mais longe" ou "Ele está fazendo essas perguntas porque não sabe de nada". Se quer fazer uma pergunta e obter boas respostas, deveria seguir pelo primeiro caminho, concorda? É por isso que digo aos meus subordinados: "Pensem nove vezes antes de falar". Isso significa que eles devem pensar antes de perguntar. Boas perguntas também ajudam aqueles que as respondem a crescer. O ditado chinês "Caminhando entre três pessoas, encontro meu mestre entre elas" cabe perfeitamente aqui.

No entanto, isso não significa demorar muito para pensar. Pensar nove vezes significa pensar profundamente e por várias perspectivas, e não silenciar os pensamentos. A força vital do trabalho é sempre a velocidade. Independentemente de quão bom seja seu desempenho, não seja lento. Se você perde o timing, o peixe fresco se transforma em peixe seco. Se alguém me pergunta "Como está aquele trabalho?", já desconto pontos da minha avaliação. Porque significa que perdi o timing. Se esse questionamento for feito com frequência, você ficará desanimado e hesitante, incapaz de fazer as perguntas que realmente precisa fazer.

Na verdade, o nível e a finalização do trabalho são responsabilidades de todos, não apenas sua. Então, mesmo que eu falhe de certa forma, todos podem trabalhar juntos para alcançar resultados. Mas o ritmo de trabalho depende somente de você. É necessário ter agilidade para criar briefings, pedir opiniões e verificar o progresso.

O importante, nesse momento, é fazer as perguntas certas. Em outras palavras, pensar profundamente sobre o trabalho, compreender os pontos-chave e fazer perguntas certeiras e rápidas, para que o trabalho prossiga com velocidade. Essa pode ser considerada "a maneira de trabalhar bem fazendo perguntas".

É UMA PERGUNTA OU UMA DÚVIDA?

Se você é novo na empresa, com certeza terá muitas dúvidas, já que a cultura organizacional e os métodos de trabalho não lhe são familiares. Há uma razão pela qual o período de adaptação ao trabalho, que varia de três meses a um ano, é tão importante. Neste momento, você terá várias oportunidades de treinamento e tempo para se preparar como profissional. No entanto, se começar a perguntar muitos detalhes triviais durante esse período, seus superiores ou mentores podem achar que você não tem paciência ou está obcecado por assuntos sem importância.

Uma empresa é uma pequena sociedade composta por várias pessoas. Cada organização tem sua cultura e ordem próprias, que não estão disponíveis em livros ou manuais. São necessários tempo e esforço para entender e aceitar essa cultura. Não é interessante começar a perguntar sem refletir, sem se esforçar. Não seria a pergunta certa, apenas uma pergunta qualquer.

No meu caso, após meu terceiro ano na empresa, percebi que as preocupações que tive durante meu primeiro ano não eram tão importantes assim. Até me senti um pouco envergonhado. Precisei de três anos para perceber que o conselho que meu superior me dera na época, "Suporte e supere", não significava apenas aguentar, mas dar a si o tempo necessário para se adaptar à cultura enquanto suporta os desafios.

Desde então, muitas vezes aconselho meus subordinados: "Crie três seniores como se estivesse cultivando uma floresta de bambu". Quando você ingressa em uma empresa, naturalmente tem seniores e mentores. Os que você conhece no início da carreira são muito importantes, porque eles podem facilitar ou dificultar sua vida profissional, dependendo da personalidade.

Na verdade, as preocupações vivenciadas no trabalho são resultado de conflitos entre pessoas, e não da dificuldade do trabalho em si. Em outras palavras, as coisas dão errado devido a conflitos nas relações interpessoais. Para resolver esse problema, é preciso fazer perguntas a alguém, o que pode ser muito difícil. Eu também passei por esse desconforto. Por sorte, tinha um colega sênior que era ex-colega da faculdade, então, ocasionalmente, eu fazia perguntas a ele:

— Irmão, quanto mais penso nisso, menos sentido faz. Quanto tempo tenho que aguentar isso? Não é muito irracional?

Olhando para trás, vejo que era mais uma reclamação ou um descontentamento do que uma pergunta, mas meu colega sempre me dava um tapinha no ombro e dizia:

— Isso é vida social e vida profissional. As pessoas são muito diferentes, não é possível agradar a todos. Apenas aguente firme e siga em frente, bons tempos virão.

Não foi uma resposta específica à minha reclamação, mas, só de ter colocado aquilo para fora, senti que tinha sido resolvida.

Aqui está o ponto. Não há nada com que se preocupar se você se dá bem com seu chefe ou mentor, no entanto, se não há essa relação, você precisa ter colegas seniores que possam ouvir suas frustrações. Eles nunca recusam pedidos de aconselhamento dos juniores, a menos que isso interfira significativamente em seu trabalho e em sua vida. Quem não está disposto a ouvir, dar conselhos ou cuidar não é um verdadeiro sênior. Não é assim hoje em dia, mas há trinta ou quarenta anos, a cultura organizacional das empresas era muito rígida. Quem recebia uma ordem tinha pelo menos que fingir que estava cumprindo a tarefa, e não era uma atmosfera propícia a fazer perguntas, mesmo que houvesse curiosidade sobre alguma coisa. Mas hoje é diferente. Temos uma cultura em que as pessoas podem perguntar livremente, independentemente da posição que ocupam na hierarquia, desde que tenham certeza de que seus pensamentos são claros e corretos. Eu acho que essa cultura é a ideal, pois só assim a organização pode se desenvolver.

No entanto, há algumas regras para fazer perguntas. Perguntar de maneira não educada, com muita liberdade e confiança, além de ser errado, pode ser visto como rude ou mesmo como um ataque.

Por exemplo, comparar o departamento ou emprego atual com o anterior, fazendo perguntas como "Era assim lá, por que aqui é diferente?", poderá deixar as pessoas desconfortáveis. Mesmo que a antiga empresa fosse mesmo melhor e haja coisas que precisam ser melhoradas na atual, evite fazer perguntas comparativas, porque pode causar uma situação embaraçosa. Perguntar é querer saber, e questionar é apenas duvidar. Você deve evitar fazer questionamentos disfarçados de perguntas.

O PODER DE UM LÍDER QUE FAZ PERGUNTAS

Fazer as perguntas certas também é importante para os líderes. Um dos maiores obstáculos à colaboração é quando os líderes, por falta de confiança ou indiferença, expressam "dúvidas" em vez de "perguntas": "Pode tentar... mas acha que vai dar certo?"; "Não sei... você realmente precisa ajudar tanto assim? Já está ocupado com seu trabalho. Se puder, então tente. Mas não pode atrasar seu trabalho"; "Não sei, e agora? Vocês mesmos resolvam isso".

Essas são dúvidas, não perguntas. Se um líder apenas levanta questões, sem certeza, como os membros podem confiar nele e segui-lo? Um líder é alguém que, acima de tudo, faz boas perguntas. Por meio de comunicação constante e com a mente aberta, ele deve guiar a equipe para atingir seus objetivos. Deve pedir a opinião dos juniores e, se forem boas, seguir em frente com elas. Dessa forma, eles se sentirão mais motivados para expressar ideias e trabalhar de forma mais proativa, o que servirá como uma faísca e aumentará a energia de colaboração para atingir o objetivo geral. A organização terá um ciclo virtuoso. Esse é o poder de um líder que faz perguntas.

15.
KISS: O segredo da escrita simples e clara

> **Existe uma maneira de escrever bem e-mails e relatórios?**
>
> A essência dos e-mails e dos relatórios é a comunicação. Se executar essas duas tarefas for particularmente difícil, provavelmente não é porque você não sabe escrever, mas porque não possui as habilidades básicas de comunicação. Não devemos esquecer que formatos e dicas são ferramentas criadas para uma comunicação fluida.

POR QUE E PARA QUEM VOCÊ ESTÁ ESCREVENDO?

Desta vez, vamos falar de algo mais prático. Embora seja uma informação básica, é também muito importante. Falaremos sobre e-mails e relatórios.

Na verdade, qualquer um sabe escrever um e-mail e quase todo mundo já escreveu um e-mail ou um relatório. Além disso, hoje em dia, o ensino de redação de relatórios é frequentemente fornecido como parte do período de treinamento para novos funcionários. Portanto, embora possa parecer um pouco estranho no início, você se acostuma. Em alguns momentos, você pode precisar de dicas para lidar com as diversas variáveis que surgem à medida que o volume de trabalho se intensifica, mas lembre-se que a essência de um e-mail ou relatório é a comunicação, o que pode deixar as coisas surpreendentemente fáceis.

No caso dos e-mails, a maioria dos destinatários vai ler a mensagem mais tarde ou ignorá-la quando for simples, como compartilhamento de informações, tradução de artigos estrangeiros ou solicitação de resposta a alguma pesquisa. Como esse tipo de e-mail trata de entrega, não há razão para achar muito difícil escrevê-lo. Porém, se você estiver solicitando cooperação por e-mail, a história é diferente. Quando precisa do apoio de vários departamentos para alcançar resultados, escrever e-mails torna-se mais difícil e complicado. No entanto, mesmo nesse caso, as coisas serão mais fáceis se você ficar atento a três detalhes.

1. Identifique o destinatário

Você precisa saber quem são seus destinatários principais e secundários e quem apenas será copiado para conhecimento. Para solucionar isso de forma rápida e confiável, é melhor perguntar a algum colega mais experiente ou a seu superior. Você não precisa se preocupar em ser repreendido por não saber essas coisas básicas. É muito melhor perguntar e não errar do que errar porque não perguntou.

2. Saiba com quem está se comunicando

Antes de escrever um e-mail, descubra quem são os funcionários do departamento com o qual você está cooperando, seus seniores e seus superiores. Na maioria das organizações, os chefes de departamento e outros superiores já partilham informações gerais com antecedência e depois instruem os funcionários sobre o trabalho. Posteriormente, os superiores entendem a estrutura geral, observando os e-mails trocados pelos funcionários, e o trabalho real é realizado por meio da comunicação entre os trabalhadores.

Portanto, é importante saber se a pessoa para quem você está enviando o e-mail é alguém com quem pode trocar trabalho de igual para igual, ou se é alguém de quem precisa aguardar uma confirmação antes de tomar uma decisão. Isso é importante para que você tenha uma noção antecipada de que seu trabalho será bem-sucedido ou não. Se você estiver em um nível semelhante, poderá se comunicar rapidamente e levar as coisas adiante, mas, se não estiver, será difícil obter a cooperação adequada. Nesse caso, você precisa consultar seu supervisor para coordenar essa comunicação.

3. Escreva um e-mail breve e claro

É recomendável escrever todo o conteúdo em uma única tela. Mesmo que haja um relatório em anexo no e-mail, é melhor que não exceda duas páginas. A conclusão deve ser já visível na primeira tela. Na segunda tela, o método de realização e a divisão de trabalho devem ser descritos detalhadamente, em formato de tabela. É importante também listar os responsáveis por cada tarefa nesta tabela e inserir os destinatários em cópia, para tornar mais claro e eficiente o sistema de apoio.

DIRETO AO PONTO, OU SEJA, MANTENHA A SIMPLICIDADE!

O caso dos relatórios é semelhante. Pode ser mais longo do que um e-mail, mas é uma ferramenta de tomada de decisão, e deve ser breve e conter apenas as partes essenciais. Antes de escrever um relatório, tenha sempre em mente o acrônimo KISS: "Keep it simple, stupid"; "Keep it small and simple"; ou ainda "Keep it short and simple". As expressões são variadas, mas o significado é um só: manter as coisas simples.

Além disso, os relatórios devem ser escritos por você, independentemente de sua experiência. Assim como, ao estudar, é mais fácil aprender quando você explica para outras pessoas, o mesmo vale para os relatórios. Escrevê-los permite que você tenha uma melhor compreensão do planejamento, domine todos os aspectos e internalize o panorama geral do plano.

Quando os executivos me traziam relatórios, primeiro conversávamos. Se uma pessoa não é capaz de se lembrar até mesmo um de relatório de duas ou três páginas, significa que ela está apenas repetindo o que outra pessoa fez, como um papagaio. Então, não há razão para eu receber relatórios dessa pessoa, certo? Quando mudamos esse método, muitos executivos pararam de ler os relatórios, e o debate verdadeiro e significativo teve início.

A comunicação relacionada ao trabalho é complexa e sensível. Relatórios e e-mails devem transmitir apenas os pontos-chave de forma simples e clara, para que todos possam entendê-los claramente. É ainda mais importante se o relatório exigir a tomada de decisão de um superior, e você deve sugerir corajosamente diferentes possibilidades de solução, se for o caso.

É claro que não é fácil, para alguém que está no início da carreira, pensar sobre as coisas nesse nível. No entanto, acredito que, se você continuar o processo de perguntar frequentemente a seus superiores, refletir por conta própria e revisar direitinho os relatórios ou e-mails que escreve, vai melhorar significativamente a execução dessas tarefas.

ÀS VEZES, É PRECISO CORAGEM PARA CRUZAR A LINHA

Ao falar sobre dicas para escrever e-mails e relatórios, mencionei que se comunicar com pessoas de níveis semelhantes é uma prioridade, mas isso não significa que seja sempre assim. A essência de todo esse processo é a comunicação. Para conseguir isso, é preciso ser ousado às vezes.

Em 2007, recebi um longo e-mail do colaborador J. Não era sempre que um desenvolvedor júnior me enviava uma mensagem diretamente, então comecei a ler com a sensação de que a situação devia ser urgente. A princípio, pensei que fosse uma reclamação sobre a mudança de software, mas a questão era que o novo software estava atrapalhando o trabalho dos desenvolvedores. A argumentação era sólida, bem estruturada e lógica, e, embora fosse um e-mail longo, que exigiu que eu percorresse a tela do computador quatro vezes, me senti na obrigação de lê-lo com atenção do começo ao fim. Liguei imediatamente para o responsável para entender os detalhes.

Posteriormente, discutimos essa questão com a equipe de suporte, mas a resposta foi que nada mais poderia ser feito, pois a decisão tinha sido tomada a partir dos resultados da auditoria. No entanto, depois de conversar com o líder da equipe de suporte e com a SDS afiliada para compartilhar a situação e investigar de forma mais específica, concluímos que modificar e complementar alguns dos resultados da auditoria seria mais vantajoso para o ambiente de desenvolvimento dos engenheiros de software. No final, decidimos complementar o sistema existente, mas, se o colaborador J não tivesse me enviado um e-mail diretamente, com certeza teríamos enfrentado uma crise em algum momento do futuro. Um e-mail corajoso de um colaborador evitou isso.

Esse caso mostra como a convicção e a coragem podem resultar em uma comunicação fantástica. Se as suas convicções são claras e a base é sólida, você deve reunir coragem para colocá-las em prática.

3. GESTÃO DE RELACIONAMENTOS:
下意傾聽, 深思熟考, 萬事從寬, 以聽得心[9]

---

[9]. Provérbio chinês, lido em coreano como *hauigyeongcheong, shimsasukgo, mansajonggwan, yicheongdeukshim*. É importante ouvir atentamente as opiniões dos subordinados, refletir bem, ser generoso com todas as coisas e conquistar o coração das pessoas por meio da escuta — o cerne dos relacionamentos é a escuta.

Uma empresa é um organismo. Os membros são diversos e, dependendo de seus pensamentos e posições individuais, cada um pode enxergar a mesma situação de forma diferente. O importante é a consideração pelos outros.
É verdade que uma ou duas pessoas inteligentes podem mudar o mundo. No entanto, uma grande organização não é liderada por apenas um ou dois indivíduos, mas sim por pessoas que têm consideração pelos outros. Em outras palavras, pode-se dizer que os inteligentes lideram o trabalho, mas os que têm consideração pelos outros lideram a organização.

16.
Relacionamentos também são uma habilidade: como abraçar as pessoas

As relações humanas são mais difíceis do que o trabalho. O que devo fazer?

É verdade que relações humanas são difíceis. Há um ditado coreano que diz: "Você pode conhecer dez caminhos debaixo d'água, mas não conhece um único caminho dentro das pessoas". Podemos não nos compreender completamente, e aos outros menos ainda, e muitas vezes é difícil cultivar relacionamentos tranquilos. Então, o que devemos fazer? O segredo é "não receber nada em troca".

UM BRIEFING DE 50 SEGUNDOS QUE MUDOU O CLIMA DA EQUIPE

Quando falamos de relações humanas, nos referimos a um tema muito amplo. As relações humanas que formamos na vida, incluindo família, amigos e vizinhos, são variadas e vastas. Por isso, gostaria de me concentrar em um sentido mais restrito: as relações humanas na vida profissional e social.

Isso foi por volta de 1985. Eu já estava na empresa havia dois anos, e meu chefe na época era cerca de dez anos mais velho que eu. Como ele já tinha certa idade e foi promovido tardiamente, o clima geral do ambiente era um tanto pesado. É claro que os membros da minha equipe e de outros departamentos não se sentiam confortáveis para falar sobre o trabalho. Isso me deixava preocupado de várias maneiras, porque pensava que não deveríamos trabalhar assim. Então, criei o que chamei de "briefing de cinquenta segundos".

Assim que chegava ao trabalho, todos os dias, eu dizia bom dia em voz alta e informava brevemente a meu chefe o que tínhamos que fazer naquele dia. Eu explicava quais tarefas os membros da equipe fariam e o que ele deveria supervisionar. Fiz isso todos os dias durante mais de dois meses. Porém, ele nunca esboçou qualquer reação.

Mas um dia, cerca de três meses depois, surgiu uma tarefa urgente e todos se concentraram nela assim que chegaram ao trabalho. Nesse dia, pela primeira vez, esqueci de fazer o briefing de cinquenta segundos, porque também estava focado na tarefa urgente. Por volta das 10 horas, meu chefe se aproximou de mim e perguntou:

— Sr. Koh Dongjin, você não tem nada para me contar hoje?

Não sei nem dizer quão feliz fiquei ao ouvir essa pergunta. Foi uma pergunta curta, mas significava que ele estava ouvindo todos os briefings, que aguardava por eles e que nossa relação estava dando alguns passos. Rapidamente mostrei a ele minha lista de tarefas e comentei sobre algumas delas. Ele sorriu levemente e voltou ao seu lugar, dizendo que cuidaria do que precisasse. Depois disso, o clima na equipe começou a melhorar de maneira gradual.

Este é o significado de acolher alguém. Não se trata de dar conta de tudo sozinho, ou sentir a dor do outro por empatia, mas sim de fazer o que for possível, pensando primeiro em maneiras de se aproximar. Daquele dia em diante, meu chefe e eu nos tornamos mais próximos, e ele passou a falar bem de mim para outros departamentos. Graças a isso, minhas relações interpessoais se expandiram naturalmente.

Com essa experiência, sempre que chegava ao trabalho, eu me aproximava dos meus superiores, os cumprimentava calorosamente e informava sobre os acontecimentos do dia, da semana e do mês. Não estabeleci minha rotina diária assim para melhorar meus relacionamentos interpessoais. Eu só queria que, ao usar esse momento para reafirmar orientações e instruções de trabalho da melhor forma, o dia dos meus colegas de trabalho começasse mais claro. Mesmo a pessoa mais direta não desgostará de um briefing de cinquenta segundos feito com um sorriso, então recomendo que você também experimente.

TUDO COMEÇA COM "EU"

Uma empresa é um lugar onde alguém observa você 365 dias por ano. É um local onde você é observado unilateralmente por mais tempo do que aquele gasto com interações. Seus colegas seniores, juniores, superiores e até mesmo departamentos vizinhos estão te olhando. Isso significa que suas ações e atitudes são facilmente perceptíveis para eles, ainda que não se importem diretamente com elas. No entanto, em vez de te darem os conselhos necessários sobre suas ações e palavras, na maioria das vezes, as pessoas simplesmente concluem: "Ah, ele é assim mesmo" e seguem em frente. Portanto, se você começar errado ou tiver problemas para construir relacionamentos, não apenas relacionamentos pessoais vão se tornar mais difíceis, mas também sua própria vida profissional. Por outro lado, se tiver facilidade, é possível formar relacionamentos mais amplos.

A chave aqui é que tudo começa com "eu". As relações humanas começam observando "quem eu sou" e fazendo julgamentos sobre "mim". No trabalho, onde não há oportunidade de explicar detalhadamente "o tipo de pessoa que sou", a primeira coisa a fazer é refletir sobre si mesmo e verificar tudo o que vem de dentro de si.

Quando as relações interpessoais no trabalho são difíceis, há muitos casos em que o problema é a outra pessoa, mas também há casos em que o problema vem de nós mesmos. No entanto, as pessoas muitas vezes respondem coisas como: "Meu chefe é tão estranho que, mesmo que eu tente construir um bom relacionamento, não consigo". Ou ainda: "É muito difícil lidar com um colega com uma personalidade tão estranha". Elas apontam o problema no outro, mas nunca o veem em si mesmas. Claro, pode haver pessoas realmente difíceis de lidar, mas nesses casos eu pergunto: "Você já pensou em acolher essas pessoas?".

A maioria, então, responde: "É difícil até me aproximar delas, então como posso acolhê-las?" ou "Como faço para acolher um superior assim?". Porém, como disse antes, "acolher" não significa compreender e aceitar incondicionalmente. Significa fazer o que está a seu alcance, sem esperar nada em troca. A tristeza e o desconforto surgem quando você faz algo na esperança de a outra pessoa mostrar alguma reação.

COMO A HUMILDADE SE TORNA UMA FORÇA

"Se você for humilde, as pessoas ficarão convencidas; se você se vangloriar, as pessoas ficarão desconfiadas."

Essa frase, que aprendi no segundo ano do ensino médio, é de Shin Hanguang, um escritor chinês da Dinastia Qing. Ela significa que, se você for humilde, as pessoas a seu redor o seguirão, e se você se gabar, as pessoas a seu redor duvidarão de você. Essa frase que um dos docentes escreveu na lousa é meu lema desde então.

À medida que trabalha, você encontra pessoas verdadeiramente inteligentes e geniais em todos os lugares. No entanto, se você observar seus relacionamentos interpessoais, verá que elas não são genialmente boas assim. Em vez disso, as pessoas se reúnem em torno de pessoas humildes, ainda que elas não tenham habilidades excepcionais. Não importa quão inteligente alguém seja, se não for humilde, não terá um futuro promissor. Às vezes, essas pessoas chegam a cargos elevados, mas será que tiveram sucesso completo? Eu não acho. A vida profissional pode durar algumas décadas, mas nossa vida pessoal é muito mais longa que isso. Isso significa que, depois de sair da empresa, pelo menos 20 a 30 anos de vida, ou até 40 anos, esperam por nós.

Portanto, se você deseja construir bons relacionamentos, deve cultivar a humildade dentro de si. Em particular, uma empresa é um lugar onde as relações humanas são criadas por meio do trabalho, por isso, se você agir de forma arrogante enquanto trabalha, boas relações nunca poderão ser formadas. Claro, você não trabalha apenas para criar vínculos. No entanto, se a arrogância se tornar um "boato", e eventualmente se transformar em um "fato", até mesmo as pessoas que trabalham a seu lado ficarão desconfortáveis. E, se chegar uma reclamação sobre você, quem cuidará dela? Seu chefe ou superiores.

Se isso acontecer repetidamente, seu chefe ou superior continuará a confiar o trabalho a você? Provavelmente, não. É claro que você passará pelo processo de "ser deletado". No final, devemos ter em mente que todos os problemas começam conosco, e é preciso desenvolver o hábito de tratar a todos com humildade. Devemos ser justos em tudo e conviver com todos.

◉◉◉

Não há futuro para os "soldados solitários". Não há necessidade de abaixar a cabeça para ser um subordinado, e não há necessidade de agir com arrogância para ser um superior. No universo profissional, o superior de hoje se torna o subordinado de amanhã, e o subordinado de amanhã se torna o superior de depois de amanhã. É assim que as coisas funcionam. As relações interpessoais de pessoas arrogantes acabam sendo devastadas.

As relações humanas são literalmente relações entre humanos. Assim como a carreira não é tudo na vida, lembre-se de que as relações humanas não se limitam ao local de trabalho; é necessário tratar a todos com humildade. Um dos provérbios mais verdadeiros, para ilustrar, é: "Colhemos o que plantamos". Se sempre nos lembrarmos disso, creio que teremos uma base sólida para a formação de relações. E espero que não esqueçamos que a raiz dessa base é a humildade, tão importante que nunca pode ser enfatizada o suficiente.

17.
Não reclame, apresente uma reclamação

Existe uma maneira inteligente de fazer uma reclamação?

Reclamações formais são difíceis porque tanto quem as faz como quem as recebe são pessoas, e não um sistema. Não importa quão público seja o assunto, em última análise, é uma interação humana, por isso pode ser levado para o lado pessoal ou causar danos e mal-entendidos. Portanto, as reclamações também podem ser vistas como pertencentes à área de comunicação e relacionamento.

UMA EMPRESA É UM ORGANISMO

Uma empresa é um organismo. Os membros são diversos e, dependendo de seus pensamentos e posições individuais, cada um pode enxergar a mesma situação de forma diferente. Quando ideias diferentes colidem, surge a insatisfação, o que leva a diversas formas de reclamação. Nos últimos 38 anos, também fiz diversas reclamações a meus superiores, e também as recebi.

Embora muitas memórias se cruzem, quando olho para trás, o momento em que meu chefe ou superior ouviu calmamente minhas reclamações e as aceitou com generosidade continua sendo a impressão mais duradoura. Em resumo, isso significa que a empatia e a compreensão devem vir em primeiro lugar, em vez do confronto devido a diferenças de opinião, a fim de abrir o caminho para a comunicação. Em outras palavras, reclamações bem-feitas são um dos elementos importantes na gestão do relacionamento.

Era 1998, durante a crise do FMI. Na época, como chefe do departamento de recursos humanos, fui responsável pela reestruturação de pessoal, para reduzir o número de funcionários em outros países. Foi uma época terrível, como tentar calçar um sapato que não serve, sem conseguir afrouxá-lo e sendo obrigado a cortar um pedaço do pé para que enfim coubesse. Fiz meu melhor, porque precisava, mas, em meu íntimo, fiquei muito triste e angustiado. Será que foi por isso? Quando a reestruturação estava chegando ao fim, reclamei, de repente, com meu chefe, em uma reunião em que todos os membros da equipe estavam reunidos:

— Chefe, a situação atual foi causada por um erro de gestão, mas parece que apenas os funcionários expatriados estão pagando por isso.

O clima da reunião imediatamente esfriou, ainda mais porque era um momento tenso para todos. Após um momento de silêncio, o chefe encerrou a reunião sem dizer nada e saiu. No dia seguinte, ele convidou todos os executivos envolvidos para almoçar. No fim da refeição, ele começou a explicar com calma a urgência da reestruturação devido à crise. E acrescentou:

— Na vida, há primavera, verão, outono e inverno, certo? Agora é inverno. No inverno, o mais importante é sobreviver.

Ele não estava falando diretamente para mim, mas, sem dúvida alguma, era a resposta à reclamação que eu havia feito no dia anterior. Até hoje me lembro da voz firme, mas gentil, do meu chefe, de sua postura, do clima naquele momento. Depois desse dia, meu chefe foi promovido à presidência de uma empresa afiliada ao Grupo Samsung, mas até hoje tenho um grande respeito por ele. De vez em quando nos encontramos para jantar e relembrar os bons e velhos tempos.

Na verdade, havia um pouco de arrogância por trás da minha reclamação na época. Como chefe de departamento, eu sentia que precisava representar os interesses dos trabalhadores em outros países. Sinto-me arrependido por ter subitamente mencionado algo que poderia dizer em particular, em um local reservado, e não numa reunião. Porém, graças a meu chefe, que não ignorou a minha voz, pude aprender a lidar melhor com as reclamações. A metáfora de primavera, verão, outono e inverno, que ele usou naquele momento, acabou se tornando a frase que mais citei enquanto trabalhava na Samsung.

Até então, não havia nenhum canal oficial dentro da empresa para levantar questões ou comunicar-se livremente, mas agora as coisas mudaram muito. Se tiver interesse, é possível consultar as preocupações e reclamações de seus subordinados por meio de diversas plataformas. Portanto, qualquer pessoa em posição sênior ou superior deve analisar e pensar a respeito disso regularmente. Nem todas as reclamações são corretas, mas se houver pelo menos uma que aponte uma melhoria, não deve ser negligenciada. Não se esqueça de que uma pequena reclamação pode causar um grande problema ou até mesmo evitar algo maior.

As reclamações vão surgir durante a vida social. É inevitável, porque é um mundo feito de pessoas. No entanto, você deve estar ciente de que, dependendo da sua atitude, como agente ou alvo da reclamação, pode determinar se ela seguirá apenas como uma reclamação ou se tornará um ponto de partida para melhorias. Além disso, se você deseja fazer uma reclamação com sabedoria, precisa entendê-la com calma. Perceba se você só precisa de alguém para ouvi-lo e confortá-lo ou se está fazendo uma reclamação porque realmente deseja uma solução adequada e concreta para o problema.

Para não esquecer isso, sempre carrego quatro expressões idiomáticas comigo: "Ouvir atentamente as opiniões dos subordinados, refletir profundamente, ser generoso com todas as coisas e conquistar o coração das pessoas pela escuta". Se tiver isso em mente, você evitará cometer erros, tanto ao fazer quanto ao receber reclamações. Devemos lembrar que as reclamações não devem ser feitas com a intenção de causar danos, mas sim de promover a cooperação.

WHO – WHEN – HOW: OS TRÊS PRINCÍPIOS DA RECLAMAÇÃO

Ninguém tem facilidade para fazer uma reclamação. Não é fácil decidir para quem reclamar, mas é ainda mais difícil encontrar o momento certo para isso. No entanto, não é aconselhável discutir o assunto anonimamente na internet. Isso porque é importante direcionar uma reclamação de forma precisa e clara. Se você usar o anonimato e escrever de forma vaga, há uma grande possibilidade de que acabe em farpas, queixas ou ataques pessoais, criando uma situação difícil de resolver. Então, o que devemos fazer? Deixe-me apresentar três princípios para uma reclamação bem-feita.

Who: é importante decidir para quem será feita
A maioria dos novatos discute o trabalho da empresa ou preocupações e problemas pessoais com os colegas. Isso ocorre porque podemos conversar com mais conforto e facilidade. Mas o problema é que muitas vezes esse colega sabe tão pouco quanto você. Então, em vez de encontrar uma solução, cria-se um ambiente propício para rumores e desinformação.

Nossos ouvidos são sensíveis a fofocas. Histórias emocionantes que estimulam os nervos periféricos proporcionam empolgação e prazer temporários, mas não são produtivas ou eficientes. Como mentor, eu gostaria que, em vez de ficar ouvindo esse tipo de história, você prestasse atenção em coisas que podem ter um impacto mais positivo.

As reclamações podem acabar apenas como reclamações ou podem tornar-se um trampolim para melhorar a situação. O que diferencia um do outro é nossa atitude.

Descubra com calma se você precisa apenas de empatia e consolo ou se realmente deseja encontrar uma solução para melhorar a situação. Nesse último caso, a reclamação deverá ser comunicada ao público certo. Recomendo conversar com seu superior ou mentor.

When: é necessário escolher o momento certo para fazê-la

Anteriormente, falei sobre a reclamação que fiz em uma reunião, que poderia ter sido feita em outro momento. Por sorte, eu tinha um bom chefe, então não foi um grande problema, mas, para registrar uma reclamação de maneira adequada, você precisa considerar com cuidado quando e onde fazer isso. Se a reclamação envolve algo que diga respeito a todos os membros e precisa ser discutido em conjunto, uma reunião seria um bom momento. Porém, se for um assunto um tanto delicado, que se refere a um superior, recomendo que você faça a reclamação de forma privada. As reclamações não devem servir para iniciar desavenças, e sim para resolver problemas, portanto não há necessidade de criar algo que magoe os sentimentos do outro.

How: não discuta, pergunte

Na verdade, não é fácil reclamar com seu chefe ou superior. Você pode ficar com receio quanto ao que vão pensar de você e duvidar de que falar abertamente, de fato, resolverá o problema. Portanto, é necessário deixar claro que você está fazendo uma reclamação formal. Se reclamar é uma distração vazia, fazer uma reclamação é uma sugestão para que as coisas funcionem melhor. A diferença entre elas está na maneira como a informação é transmitida. Em vez de dizer "não consigo fazer isso por causa de várias dificuldades", que pode soar como uma reclamação vazia, você deve perguntar: "Como posso resolver essa e outras dificuldades?".

É claro que transmitir todas as preocupações e reclamações ao superior não significa que elas serão resolvidas. Eles também não têm tanto poder para alterar a estrutura ou o sistema da empresa. Porém, se você conversar com superiores que já vivenciaram as mesmas preocupações que você, será mais fácil encontrar uma direção para resolver o problema. Depois de fazer uma reclamação, você pode perceber que, às vezes, o melhor é se livrar desses incômodos tomando uma bebida, mas que, outras vezes, é necessário pensar em medidas formais e alternativas para resolver um problema.

18.
Duas maneiras de converter um inimigo em aliado

> **Com o que devemos ter mais cuidado nas relações?**
>
> Tenho mais de 60 anos e trabalhei ativamente na mesma empresa durante 38 deles, além de estar entrando no meu segundo ano como consultor. Portanto, na perspectiva das gerações mais jovens, sou parte da geração mais velha. Mas, ironicamente, alguns dos meus colegas mais velhos ainda dizem que estou no auge. É uma questão de ponto de vista. O que podemos aprender aqui é que nossos pensamentos não são uma verdade absoluta.

NÃO FAÇA DE NINGUÉM SEU INIMIGO

Na verdade, sou cauteloso ao dizer isso ou aquilo sobre a vida. Comparado com muitos adultos no mundo, tenho pouca vivência e experiência. Porém, a experiência de trabalhar em uma mesma empresa durante 38 anos e passar de funcionário comum a CEO é um tanto rara, por isso compartilho aqui, da perspectiva de um sênior, o que deveria ter feito e o que não fiz durante esse processo.

A resposta à pergunta sobre em que prestar atenção nos relacionamentos também não é geral ou universal, apenas o resultado da minha experiência e aprendizado. Portanto, nesta parte, espero que você tome nota das coisas boas que outros profissionais seniores além de mim disseram e as absorva como se fossem suas.

No meu caso, quando olho para minha vida profissional pregressa, desde meus primeiros dias até quando me tornei gerente de nível médio, dos 20 aos 30 anos, e depois um executivo, com 40 e poucos anos, o que priorizei e tentei proteger foram as relações humanas. Outras coisas podem ser resolvidas com o tempo, e conseguimos nos recuperar de alguma forma. Porém, eu sabia que, se os erros nas relações humanas se repetissem, poderia perder tudo pelos erros acumulados. E aprendi que a recuperação nem sempre é fácil.

Se você não consegue cultivar a confiança nas relações, mesmo que tenha muitas qualidades, não terá a chance de mostrá-las. E outras qualidades inevitavelmente desaparecerão. Quando os mais velhos dizem "Fulano agora virou gente!" ou "Ele até que é bom, mas falta caráter!", também é um tipo de avaliação derivada das relações.

Falar dos outros é uma prova de que as relações humanas são difíceis. Quando me perguntam por onde começar as relações, o que sempre digo é: "Não faça de ninguém seu inimigo".

Na vida profissional, as opiniões podem entrar em conflito e causar brigas. Mesmo que tenhamos pensamentos semelhantes, podem surgir discussões devido à posição ou aos interesses dos departamentos. É preciso ter cuidado neste momento, pois é quando podemos tornar outra pessoa nossa inimiga ou nossa aliada. Ou, quem sabe, pode ser o momento ideal para transformar um inimigo em um aliado.

PESSOAS INTELIGENTES LIDERAM O TRABALHO; PESSOAS QUE CONSIDERAM OS OUTROS LIDERAM A ORGANIZAÇÃO

O livro *Myeangsim Bogam* traz o provérbio *Shimcheongsadal*, que significa "Um coração puro tudo alcança". Ter um coração puro não significa apenas não ser egoísta, mas também ter um coração cheio de consideração pelos outros.

Há muitas pessoas que atuam bem no trabalho. Mas poucas atuam com consideração. A consideração é, em outras palavras, enxergar pelo ponto de vista do outro, pensar nisso da perspectiva da outra pessoa. No local de trabalho, sem consideração, é difícil avançar a níveis mais altos. Isso ocorre porque é um lugar onde as pessoas se reúnem e trabalham juntas. Portanto, a primeira maneira de conseguir alguém como aliado é a consideração.

A consideração é revelada nos momentos mais agudos. Ela fica mais evidente em locais onde muitas pessoas se reúnem para vencer mais um dia. Na área de TI, há momentos em que vários departamentos se reúnem para discutir questões técnicas durante horas com base em seus conhecimentos. Todos são versados na própria área e têm muito orgulho dela, então, na maioria das vezes, o ambiente fica cheio de lanças e espadas invisíveis.

Se você observar essas situações, poderá ver quem tem um coração atencioso e quem não tem. E, em geral, são as pessoas atenciosas que têm mais probabilidade de ver o panorama geral. Elas compreendem as ligações entre tarefas e conseguem coordená-las, considerando o ponto de vista de outros departamentos.

Por meio dessas reuniões, eu costumava decidir quem eu promoveria e para quem delegaria grandes tarefas.

Sabedoria e conhecimento podem ser acumulados com esforço e tempo, mas um coração atencioso é uma questão diferente. Como essas são virtudes essenciais para um líder, eu sempre escolhia alguém sincero e atencioso, em vez de alguém apenas bom no trabalho.

É verdade que uma ou duas pessoas inteligentes podem mudar o mundo. No entanto, uma grande organização não é liderada por apenas um ou dois indivíduos, mas sim por pessoas que têm consideração pelos outros. Em outras palavras, pode-se dizer que os inteligentes lideram o trabalho, mas os que têm consideração pelos outros lideram a organização.

Os inexperientes se gabam, os experientes são humildes

Saber muito e ter diversas habilidades é uma grande vantagem. Mas é aí que as pessoas muitas vezes perdem de vista a humildade. No geral, ninguém gosta de quem está sempre se gabando e mostrando as próprias conquistas, certo? Confiamos e seguimos pessoas que demonstram um desempenho excepcional, ao mesmo tempo que dão crédito aos outros e permanecem humildes. Em outras palavras, pode-se dizer que os inexperientes se gabam, mas os experientes são humildes. Portanto, a segunda maneira de conquistar um aliado é pela humildade.

Humildade e consideração são virtudes essenciais na vida profissional. "Saber o que se sabe e reconhecer o que não se sabe" é algo que repito com frequência. Esse fundamento contém o significado de humildade. Ser humilde não significa "manter silêncio mesmo sabendo, ou ficar parado e observar enquanto todos estão tendo uma discussão acalorada". A atitude de falar com firmeza e confiança sobre o que você sabe também é uma virtude de um profissional, porém, devemos ter humildade mesmo quando falamos sobre o que sabemos.

Uma das razões pelas quais a humildade é necessária é para evitar mal-entendidos dispensáveis. Mesmo sem intenção, há casos em que palavras ou ações podem criar confusão. Isso não apenas torna o relacionamento um com o outro desconfortável, mas também tem um impacto negativo na sua avaliação pessoal.

Há um ditado chinês que é uma verdade válida mesmo depois de milhares de anos: "Não amarre o cadarço numa plantação de pepino, nem arrume seu chapéu debaixo de uma ameixeira". Isso significa que alguns gestos são o início de um mal-entendido. Você já fez um comentário impensado que levou a um mal-entendido? Ou, bebendo com colegas, cometeu um erro que se tornou um grande problema? Se você for humilde e cuidadoso em tudo, esses incidentes infelizes serão bastante reduzidos.

Na verdade, viver uma vida que segue tudo o que mencionei pode ser um pouco cansativo, porque exige muito cuidado. As pessoas da minha geração, que tinham muitos irmãos e viviam em famílias extensas, já têm todas essas condições profundamente arraigadas. É algo que aprendemos com os mais velhos e com nossos irmãos. Contudo, é difícil ter tais experiências dentro de uma família nuclear. Por isso, apenas indiquei pontos a serem observados com base na minha vivência, mas recomendo que também busque os conselhos de pessoas mais experientes.

19.
Os três elementos de uma boa pessoa

Como tornar-se um bom sênior?

O padrão de "ser uma boa pessoa" varia de um indivíduo para outro. Dependendo dos gostos e inclinações, uma pessoa pode ser considerada boa para alguns, mas frustrante e desagradável para outros. Conforme o popular teste de personalidade MBTI, personalidades diferentes nem sempre se dão bem. No entanto, os critérios para ser uma boa pessoa numa empresa ainda são muito clássicos e não mudam. Porque a empresa é uma organização.

"SERÁ QUE SOU UM BOM SÊNIOR?"

Na verdade, é difícil responder a essa pergunta porque isso é algo em que ainda estou pensando. Conhecer um bom sênior ou superior durante o trabalho é um grande benefício pessoal e uma oportunidade de aprender muito. Portanto, o próprio pensamento de querer ser um bom sênior é admirável. Esse desejo é de fato precioso.

A resposta a essa pergunta baseia-se exclusivamente na minha experiência, portanto não pode ser uma verdade absoluta. As pessoas que, na minha opinião, foram bons seniores, podem não ser vistas da mesma forma pela geração atual, e quando olho para o passado, não sei se meus colegas juniores vão pensar em mim como um bom sênior. E essa incerteza me deixa um pouco apreensivo.

Quando você entra em uma empresa, relacionamentos hierárquicos entre seniores e juniores são criados naturalmente. Como trabalham sempre juntos, suas relações interpessoais tornam-se mais fortes de forma natural. Eles são os únicos que podem ajudá-lo em momentos difíceis. Por meio dessa colaboração, você pode aprender sobre novas áreas e avançar para os próximos passos.

A primeira vez que aprendi sobre recursos humanos foi no Reino Unido. Quando assumi o cargo de gerente, fui apresentado a uma área completamente nova, e as pessoas que me ajudaram foram meus subordinados, que haviam trabalhado com RH desde o início, e os seniores, recém-admitidos no RH, como eu.

Nessa época, eu os ouvia e tentava não perder o que meus superiores diziam. Em particular, o chefe que me enviou ao exterior me dava muito apoio, e trabalhei mais para corresponder às suas expectativas. Ele me observava em silêncio e me deu tempo para me adaptar e aprender. Com base nos ensinamentos dele, pude criar programas como o Samsung Honorary Doctorate System, o Samsung Master Master System e o Encouragement Award System for Excellent Technology Development. Com o tempo, a postura de um bom sênior moldou a cultura corporativa.

SE VOCÊ NÃO CONSEGUE FAZER SEU TRABALHO, NÃO PODE SER UM BOM SÊNIOR

A base da vida profissional é o trabalho. As relações humanas são criadas por meio das tarefas e responsabilidades. Você não pode ser um bom sênior se não souber fazer as coisas mais básicas. Pessoas agradáveis, como irmãos ou colegas, podem ser encontradas em qualquer lugar. No entanto, não há exceções às condições de trabalho. Numa visão muito generosa, exceto durante o aprendizado de uma nova função, os seniores devem ser bem versados em seu trabalho.

Um júnior passando por dificuldades e que não tem o apoio de um sênior, porque esse superior também está perdido e finge saber algo quando é óbvio que não sabe, provavelmente não vai querer procurá-lo para pedir conselhos. Então, como sênior, nunca finja saber de tudo. Se você não sabe muito sobre o que seu júnior está perguntando, responda honestamente que você não sabe e encontre alguém que possa lhes dar a resposta. Não é legal fingir que sabe, mas admitir e encontrar uma solução juntos.

Entre os ditos de Confúcio, há um que se destaca: "Saber o que se sabe e saber o que se não sabe, isso é o verdadeiro conhecimento".

Como você pode saber tudo o que acontece no trabalho? Há peças que mudam e se desenvolvem a cada ano, e, quando mudamos de departamento, tudo é muito novo, então seria um tanto estranho saber tudo. Se você não sabe, apenas ouça e aprenda. Isso é o trabalho. No momento em que você esconde a ignorância e finge que sabe, porque fere seu orgulho não saber, seus subordinados percebem e perdem a confiança. No lugar deles, você não faria o mesmo?

O BÁSICO É O MELHOR

Ser um bom sênior no trabalho não é difícil. É preciso ser dedicado e ter profissionalismo. E viver de forma exemplar.

É o mínimo, mas olhando para os meus 38 anos de carreira, percebo que o básico é realmente o melhor. Se você não cumprir algum desses requisitos, não será respeitado pelos colegas juniores. Será visto apenas como mais uma pessoa do trabalho e, depois, será esquecido.

1. Pessoas dedicadas não têm altos e baixos

Ser dedicado é a coisa mais básica na vida profissional. Nos últimos anos, o próprio conceito de atraso pode parecer desconhecido devido à flexibilidade do horário e do home office. No entanto, ser pontual e dedicado não se limita apenas ao deslocamento de ida e volta do trabalho.

Você se lembra de já ter ficado ansioso e nervoso quando teve uma reunião externa porque seu superior chegou atrasado enquanto você e seu cliente tinham chegado na hora certa? Você provavelmente se sentiu ressentido e irritado com seu superior. Seria muito melhor se ele tivesse chegado cinco ou dez minutos mais cedo. O cliente é que pediria desculpas por ter chegado atrasado e você, júnior, ficaria mais tranquilo.

Outro significado de ser dedicado é não ter altos e baixos. Uma aparência inabalável, calma e firme deixa as pessoas a seu redor à vontade. Muitos já tiveram algum sênior que podia ser um tanto sério, mas sempre tratava os mais novos com respeito. Embora no início fosse difícil se aproximar dele, com o tempo o respeito vinha. Isso é ser um sênior dedicado.

2. Pessoas com experiência tornam-se exemplos por si mesmas

Não há muito mais o que falar sobre profissionalismo no trabalho. Como disse antes, empresa é um lugar onde todos interagem por meio do trabalho. Uma pessoa que não consegue cumprir suas tarefas adequadamente não será um bom sênior ou colega de trabalho.

No entanto, um sênior que só sabe falar de trabalho também não é desejável. É importante, embora não seja fácil, encontrar o equilíbrio entre ter flexibilidade para ser um profissional versátil e fazer bem o trabalho. É algo que todos, não só os seniores, deveriam cultivar.

3. Você deve exalar um aroma que os outros queiram seguir

Por último, ser um bom sênior significa que deve haver em você algo inspirador que os outros queiram seguir. Como falarei mais adiante, é importante ser uma pessoa com "aroma". Um aroma não intrusivo, que simplesmente emana de você e se espalha pelas pessoas a seu redor. Um bom sênior é aquele que, mesmo sem dizer uma palavra, exala um aroma que faz as pessoas pensarem: "Quero ser como ele".

Tentei encontrar meu aroma na História. O que eu expresso, o que digo e como trato as pessoas são derivados do que aprendi e senti enquanto estudava História.

A busca de cada pessoa por seu aroma pode ser diferente. Para alguns, pode ser um hobby dinâmico e, para outros, um profundo conhecimento de humanidades. Olhando para trás, todos os bons seniores que conheci na Samsung eram pessoas com aromas próprios e únicos.

Sênior N, que me enviou para estudar no exterior e me encorajou ao longo do caminho, respeitando silenciosamente meus erros e minhas falhas e me incentivando; Sênior L, que, com as lições da primavera, verão, outono e inverno, me ensinou a desenvolver uma perspectiva ampla para lidar com pessoas; Sênior K, que, nas pausas das viagens de negócios, sempre fazia uma refeição comigo e ouvia minhas preocupações; Sênior S, que trabalhava duro para descobrir um potencial em mim que eu não sabia que tinha; Sênior K, que pessoalmente me mostrou qual é o papel de um CEO e como agir; e Sênior C, que me ensinou a gestão corporativa por meio de sistemas. O papel deles em moldar quem sou hoje foi imensurável, o que me faz querer oferecer esse benefício aos meus colegas juniores. Pretendo continuar fazendo isso no futuro.

Na verdade, quando me fizeram essa pergunta, me senti bem tranquilo. Definitivamente levará tempo, mas não tenho dúvidas de que, se você começar a refletir sobre o seu "aroma" e se tornar um profissional dedicado, um dia, com certeza, ouvirá: "Você é um ótimo chefe!".

20.
Por que terminar é mais importante do que começar

> **Já que nunca mais nos veremos, realmente preciso ser legal com essas pessoas?**
>
> Há um ditado chinês que diz: "Aqueles que se encontram podem se separar, mas aqueles que se separam, certamente se reencontrarão". Concordo com esse ditado. O mundo é tal que não sei se meu eu de amanhã ficará grato ou ressentido com o meu eu de hoje. Espero que você não esqueça que o mundo gira.

NÃO EXISTE ISSO DE "NUNCA MAIS NOS VEREMOS"

Na vida profissional, você inevitavelmente passará por mudanças. Pode haver transferências de departamento dentro de uma empresa e até ajustes de função. Como parte de uma equipe de força-tarefa, há momentos em que você precisa realizar um trabalho completamente diferente durante várias semanas ou meses. É possível até que mude de empresa. Ou mudar de emprego para uma área completamente diferente. Um exemplo seria um desenvolvedor da indústria eletrônica obter uma licença de advogado de patentes e começar a trabalhar em um escritório de advocacia.

Alguns jovens hoje em dia estabelecem um limite ao sair de uma empresa, dizendo: "Depois que eu sair, nunca mais nos veremos". Não acontece apenas com os mais jovens. Tem gente que sai da empresa sem nem olhar para trás, como se nunca mais fosse vê-la. No entanto, com base na minha experiência de trabalho de quase 40 anos na mesma empresa, é quase impossível "nunca mais ver ninguém".

A menos que você decida morar em uma ilha deserta ou em outro país, distante e sem mais laços com seus compatriotas, "nunca mais nos veremos" é uma suposição errada. Porque somos pessoas e pertencemos à sociedade.

Se você restringir sua vida profissional, pode se referir apenas à família, mas se você a expandir, ela poderá abranger a sociedade e a nação. É um mundo repleto de pessoas em todos os lugares. Neste mundo, tudo está interligado com as relações humanas e, mesmo que os países e os tempos mudem, a vida das pessoas, em sua essência, permanece praticamente a mesma. Mesmo que você mude de profissão e trabalhe como advogado de patentes, pode encontrar seniores e juniores de seu trabalho anterior por meio do relacionamento entre clientes e outros advogados de patentes.

A VIDA PROFISSIONAL EXIGE VISÃO DE LONGO PRAZO

Às vezes, quando sou solicitado a dar uma recomendação de alguém que está saindo da empresa, não exagero e me prendo apenas aos fatos, tanto quanto possível. Falo sobre os prós, mas também sobre os contras. Acho que é a melhor forma, porque, se eu apenas exaltar seus pontos fortes, as expectativas em relação a ele se tornarão muito altas, o que poderá, na verdade, ter uma influência negativa. E sempre digo a esse profissional o que ele precisa ter em mente quando for para o novo emprego.

A vida profissional exige uma visão de longo prazo. Não significa necessariamente permanecer no mesmo emprego a carreira inteira, mas pensar no tempo que passou nesse trabalho como parte do todo. Em outras palavras, você precisa administrar bem sua postura onde quer que esteja.

Na escola, temos a oportunidade de verificar nosso desempenho fazendo provas várias vezes por ano. Porém, no trabalho, você é avaliado todos os dias. Seus colegas, seus superiores, todos observam você. Em suma, a vida profissional é como caminhar por um campo coberto de neve. Você pode ver claramente se as pegadas estão tortas, se a pessoa parou no meio do caminho, se desviou para o lado. Portanto, devemos tomar cuidado com a atitude de "quando eu sair, acabou" e dar nosso melhor em tudo o que fazemos.

Dentro de um grupo, na empresa ou em outro ambiente, existem alegria, tristeza e despedidas. Claro, conhecer novas pessoas é importante, mas despedidas são cruciais. Afinal, toda despedida prevê, de certa forma, um novo encontro em algum lugar.

Em particular, a indústria de TI é muito restrita. Se você tem cerca de 30 anos de experiência e muita interação com empresas e parceiros de negócios em outras partes do mundo, até os estrangeiros saberão quem você é quando for a lugares como o Vale do Silício, nos

Estados Unidos, só de ouvir seu nome. É claro que os rumores se espalham muito rápido e sua reputação chega aos lugares antes de você. Embora pareça vasto, o mundo é um ovo, como diz o ditado. Isso me leva à conclusão de que, tão importante quanto "começar" é "terminar". Ou melhor, é mais importante "terminar" do que "começar".

COM A MENTE DE UM ENGENHEIRO VERIFICANDO A IMPERMEABILIZAÇÃO

Então, o que significa terminar bem o trabalho? Eu responderia que significa agir com a mente de um engenheiro verificando a impermeabilização.

Um ex-funcionário construiu uma casa e se mudou para lá. Poucos dias depois, caiu uma forte chuva, e o engenheiro que a construiu ligou para saber se não estava entrando água. Meu colega respondeu que não havia motivo para se preocupar, porque a casa era nova. O engenheiro então disse:

— Ainda assim, você tem que verificar. Por mais que tenhamos feito o melhor possível, você nunca sabe quais variáveis podem surgir em uma chuva forte e repentina.

Essa também é a atitude que você deve ter ao concluir seu trabalho na empresa. Claro, não se deve terminar de maneira grosseira. No entanto, é preciso imaginar com antecedência o que aconteceria se uma chuva forte atingisse o local onde você está e preparar um plano de contingência. Quer você vá para outro departamento, seja enviado para algum lugar ou mude completamente de empresa. Prever e preparar-se para "quando não estiver mais presente" é o verdadeiro encerramento. Além disso, mesmo depois de sair, se houver um problema com o que você fez ou com o trabalho relacionado, você deve ajudar prontamente. Pode ser tentador pensar "não é mais meu trabalho", mas isso não é verdade. A atitude de assumir a responsabilidade por tudo o que faz, a qualquer momento e em qualquer situação, é a base para quem quer ter sucesso no trabalho. Ninguém sabe que tipo de oportunidade isso trará.

Na verdade, quando me perguntam: "Existe alguma necessidade de ser gentil com essa pessoa, já que nunca mais nos veremos?", a resposta me parece óbvia. Talvez seja por causa do conflito de gerações, e especialmente depois da pandemia de covid-19 e a transição para o trabalho remoto, algumas pessoas podem ter dificuldades em entender esse conceito.

Resumindo, se um sênior ou júnior fosse embora sem deixar pendências, eu torceria por ele. Daria apoio à jornada dessa pessoa. Em outras palavras, quando encerramos nosso trabalho de maneira responsável, os colegas ficam com boas recordações de nós.

Esses relacionamentos certamente continuarão mesmo após a saída da empresa. Afinal, a vida continua por mais vinte a trinta anos, e definitivamente reencontraremos essas pessoas. Então, o que devemos fazer?

4. GESTÃO DE ORIGEM:
切磋琢磨[10]

---

10. "Assim como sempre cultivamos diligentemente o aprendizado e a virtude", ao trabalhar, devemos sempre lembrar do ponto de partida e aprimorar nossas habilidades.

Acredito que um "emprego vitalício" depende de como você o define. Para algumas pessoas, pode significar trabalhar até se aposentar, para outras, trabalhar até demonstrar plenamente suas habilidades e alcançar seus sonhos. Mais importante ainda, deve-se considerar o conceito de "carreira vitalícia" em vez de "emprego vitalício". Para mim, o termo "emprego vitalício" sempre soou como algo que as pessoas diziam quando perdiam o controle sobre suas carreiras dentro da empresa. Se você tem competências e habilidades que a companhia valoriza, não há necessidade de ficar preso ao termo "emprego vitalício". Ou seja, se possui qualificação, você terá uma "carreira vitalícia".

21.
Entre "estabilidade" e "comodismo": o princípio P&C

O que define uma vida estável?

A maioria das pessoas que deseja uma vida estável tem uma compreensão fragmentada do significado da palavra "estabilidade". Elas a reconhecem como um "estado calmo e inabalável", mas a verdadeira estabilidade contém um elemento de equilíbrio. Acima de tudo, é importante não confundir estabilidade com comodismo.

O VERDADEIRO SIGNIFICADO DE ESTABILIDADE

Um de meus colegas juniores favoritos é C. Ele sempre foi um amigo dinâmico e trabalhador, por isso fiquei de olho nele desde seus 20 anos, e um dia ele expressou o desejo de fazer MBA.

Naquela época, ainda trabalhávamos aos sábados e, se ele fosse para a faculdade, não poderia trabalhar nas manhãs desse dia. No entanto, eu o incentivei a seguir com esse sonho. Na verdade, qualquer superior entenderia. Trabalhar a semana toda e depois estudar sem parar no fim de semana é muito difícil, a menos que você seja muito apaixonado ou dedicado. Fiquei orgulhoso de vê-lo assumir esse desafio, e queria fornecer todo o apoio necessário.

Trabalhar durante a semana e estudar no fim de semana parece difícil? Não, isso é estabilidade. É correr em busca de paixão e competitividade. Agora, já em seus 40 anos, meu colega está assumindo novas responsabilidades importantes e demonstrando suas habilidades ao máximo.

Quando penso em estabilidade, muitas coisas me vêm à mente, como condição financeira adequada à minha idade, boa saúde e uma família harmoniosa. Mas acho que a palavra inglesa "stable", que significa estável, tem o sentido mais adequado. "Stable" tem uma acepção ampla, incluindo "sustentabilidade, firmeza inabalável e equilíbrio".

Acredito que a verdadeira estabilidade se assemelha à "imagem de um mar calmo". Embora não tenha ondas, abaixo da superfície há movimento constante. Considerando a sustentabilidade e o equilíbrio com a natureza global, o mar nunca fica parado. Nem por um momento. No entanto, parece estável quando olhamos para a superfície calma. Acho que isso é a verdadeira estabilidade. Ou seja, estabilidade sem dinamismo e equilíbrio internos não é verdadeira.

Portanto, se você aproveita o tempo de forma dinâmica e avança em busca de equilíbrio, dedicando-se a um crescimento contínuo, acho que podemos dizer que sua vida está fluindo de forma estável.

PAIXÃO É A FORÇA PARA FOCAR NOS OBJETIVOS

No entanto, se está preocupado se a vida está caminhando para a estabilidade, faça-se a seguinte pergunta: "Tenho paixão (passion) e competitividade (competitiveness)?".

Se a resposta for "sim", sua vida está estável.

Ao trabalhar em uma empresa, o esgotamento ocorre em algum momento, não importa quão grande ou pequeno seja. Na maioria dos casos, é quando o objetivo fica vago ou o foco desaparece e a pessoa fica perdida. Claro, há momentos em que sua saúde física atinge o limite, mas quando o trabalho é interessante e você se diverte no processo, o cansaço físico fica até de lado por um tempo. O problema é quando a mente se cansa.

Quando a mente se cansa, a paixão desaparece. Pode-se dizer que a paixão é a força para focar em um objetivo, mas quando ela acaba, é como correr algumas centenas de quilômetros e parar de repente. Depois de parar, fica difícil retomar o ritmo ou retomar o foco. Somente aqueles que correm com firmeza, sem perder a paixão, alcançam a linha de chegada.

Ao olhar para o passado e pensar em meus seniores, juniores e pares, os que chegaram ao fim foram aqueles cuja paixão nunca diminuiu. Se você tem paixão, os desafios surgem naturalmente. E, no final do desafio, espera-nos uma maior competitividade. Por exemplo, estudar uma língua fortalece a minha competitividade, assim como aprender uma área nova. Ou seja, paixão e competitividade estão intimamente ligadas, embora com um intervalo de tempo.

Portanto, as pessoas que têm P&C podem parecer um mar sem ondas na superfície, mas por baixo movem-se com energia infinita. O interessante é que elas, às vezes, provocam mudanças tão drásticas quanto um furacão, transformando a si mesmas e ao ambiente a seu redor. Isso só é possível quando se tem confiança para retornar à calma original, e se sua força central é forte. Isso, por sua vez, só é alcançado com dinamismo e equilíbrio.

P&C SÃO UMA FONTE DE DESAFIOS

P&C também são uma fonte de desafios. No fim de 2022, minha colega L, que trabalhou comigo por muito tempo, foi promovida a presidente. Tenho boas lembranças dela vindo até mim para compartilhar essa alegria.

Todos disseram que L "quebrou o teto de vidro da Samsung", porque foi "a primeira mulher presidente". Mas não vejo assim. Na área em questão, a representatividade feminina era historicamente baixa, e ela foi a primeira a escrever esse capítulo.

A presidente L não se beneficiou nem sofreu perdas por ser mulher, pelo menos, em termos de sistema, foi o que vi e senti. Ela chegou até lá trabalhando duro e superando muitas coisas. Reconheço que existem questões que eu, como homem, não compreendo por completo, mas, no que diz respeito ao trabalho em si, L sempre se destacou com sua liderança organizacional, experiência em marketing e leitura do todo, que eram melhores do que de qualquer outra pessoa. Então, essa capacidade acabou sendo reconhecida.

O ponto que quero enfatizar é que o trabalho duro é essencial. Afinal, a vida é uma maratona que cada pessoa corre desde o nascimento. A vida em uma organização é um lugar de oportunidades justas em que todos jogam no mesmo nível desde o momento em que ingressam nela.

Somente aqueles que constantemente tentam e enfrentam desafios se tornam vencedores.

Todo mundo enfrenta desafios. Tomemos como exemplo as flexões. No passado, durante os exames preparatórios para a faculdade, esse exercício era parte do teste físico. A pontuação perfeita era dez flexões, e algumas pessoas persistiam até o fim, mesmo que não alcançassem a média. (Não havia limite de tempo.) Eu as admirava, porque acreditava que, um dia, conseguiriam fazer dez flexões ou mais, e eu quase sempre estava certo. Quem se desafia até o fim não pode ser derrotado. É a verdade do mundo.

ESTABILIDADE OU COMPLACÊNCIA: P&C *VERSUS* P&C

Por outro lado, o mesmo P&C pode ser prejudicial quando representam "freios" na vida, isto é, a procrastinação e o comodismo. A procrastinação e o comodismo estão longe da estabilidade. Embora seja o mesmo P&C, aqui o significado é oposto.

Devo confessar que também tive a experiência de procrastinar e ser complacente. Pode parecer confortável no momento, mas, no final, colhi resultados amargos. Todos provavelmente tiveram vivências semelhantes.

"E se eu deixar para amanhã?"; "Vou descansar um pouco"; "Basta por enquanto"; são pensamentos que afastam você da estabilidade.

A procrastinação e o comodismo facilmente se tornam maus hábitos, mais do que qualquer outra coisa. São necessários três meses para desencadear um bom hábito, mas apenas três horas para desenvolver um mau hábito. A preguiça que nos permitimos rapidamente se infiltra e logo atingimos o nível de racionalização. Existem várias desculpas, como "Já fiz o bastante"; "Vou fazer uma pausa"; "Se não descansar agora, vou ficar exausto mais tarde"; e assim por diante. A mais comum entre elas é: "Estou pensando sobre isso".

Normalmente, ao lidar com tarefas simples, não inventamos desculpas, mas à medida que o nível de trabalho aumenta e as tarefas ficam mais complexas, surgem situações em que somos tomados pela procrastinação, mas usamos a desculpa de "estar pensando". Isso não é pensar, é hesitar. Acredito que essa hesitação é uma das coisas mais importantes a se observar em uma organização.

Como vimos antes, SOP são virtudes importantes para a vida em uma organização, e S nada mais é do que a velocidade (speed). Velocidade é vital no trabalho. Detalhes e habilidades práticas são aprimorados com o tempo. Porém, é difícil internalizar a velocidade se você não criar esse hábito desde o início. Quando digo isso, há pessoas que respondem: "Estou tão ocupado que nem tenho tempo para descansar. Preciso tirar uma folga". Quando escuto essa resposta, tenho vontade de retrucar: "Será que você não está apenas acomodado em uma rotina diária, girando em círculos?". O tempo passa mesmo que você fique sentado sem fazer nada ou só picotando papéis o dia todo. A verdadeira questão é como o estamos usando.

◉ ◉ ◉

Começando pelos feature phones, participei ativamente do desenvolvimento e lançamento dos modelos do Galaxy S ao Galaxy S10. Durante esse tempo, nunca parei para estourar champanhe e celebrar a conquista. Quando um aparelho era lançado, já estávamos trabalhando incansavelmente no seguinte. Portanto, o lançamento nunca é o fim de um trabalho, mas uma continuação.

Em particular, sênior S, com quem trabalhei até o Galaxy S6, era alguém que tinha a verdadeiro P&C (paixão e competitividade) em sua essência. Ao trabalhar com ele por 365 dias, também consegui crescer, correndo apaixonadamente em direção ao meu objetivo, sem procrastinar.

Se eu tivesse repetido a procrastinação e o comodismo em vez da paixão e da competitividade, teria sido difícil para a série Galaxy continuar até hoje, e eu também não teria crescido. Assim, quando alguém faz uma pergunta sobre estabilidade, digo-lhe para escolher o primeiro dos dois P&C e ter cuidado com o segundo. Essas escolhas e limites devem ser usados como um padrão para refletirmos continuamente sobre nós mesmos ao longo de nossa trajetória. São esses elementos que criam estabilidade em nossa vida.

22.
A base do trabalho é o resultado

> **Dizem que prego que se destaca leva martelada, logo, tentar alcançar resultados sozinho não resolveria o problema?**
>
> Precisamos mudar os critérios de avaliação de resultados. O resultado hoje é visto como aquilo que é "entregável", ou seja, o critério de avaliação é a entrega efetiva do produto final ao cliente. No entanto, nem todos os membros da empresa têm contato direto com o cliente. Sendo assim, o resultado pode ser definido como "todas as ações de pessoas envolvidas na criação do produto final que será entregue ao cliente".

O RESULTADO É O PRODUTO DO PROCESSO

Em 2004, enquanto desenvolvíamos o software de protocolo 3G para redes móveis no Reino Unido, lutamos durante várias semanas com um problema de aquecimento sempre que trocava do 2G para o 3G. Porém, um funcionário recém-contratado, com apenas dois anos de empresa, resolveu a falha. Ele era formado em Música pela Universidade de Oxford e estudou software por conta própria. Ele leu cuidadosamente todos os documentos elaborados pelos seniores e resolveu a questão.

De imediato, ele passou de "figurante" a "protagonista". Claro, fiquei muito curioso, então perguntei ao líder da minha equipe sobre ele. O que o líder disse naquela época foi muito simples e direto:

— DJ! Isso é software!

O que ele quis dizer é que qualquer pessoa pode ser boa em software, independentemente da experiência.

◉◉◉

O jovem que resolveu o problema não demonstrou nenhuma mudança significativa de atitude depois disso. Ele apenas seguiu humildemente sua vida diária. Às sextas-feiras, ia trabalhar com seu violino e, à tarde, fazia uma apresentação beneficente em um lar de idosos, sempre colaborando com os colegas e ouvindo seus superiores. Mesmo em situações em que poderia se vangloriar, ele não o fazia. Recebeu a avaliação mais alta dos líderes no final do ano, e seu bônus e salário anual aumentaram substancialmente.

Quando um dorama é lançado e se torna um grande sucesso, os resultados se refletem nos índices de audiência. No entanto, há todo um processo para que esse resultado seja alcançado. De início, o roteirista deve criar uma boa história com base em inúmeras pesquisas. Os atores devem interpretar bem o texto e trazer a história à vida. O diretor e a equipe técnica precisam se unir para garantir que o trabalho seja bem-feito. Além disso, a edição, a sonoplastia, os efeitos visuais e a divulgação são etapas que contribuem para alcançar repercussão. Ou seja, o resultado não é apenas o produto final, mas a soma do processo. Cada parte dele é um resultado por si só, e todas são uma etapa crucial para o resultado.

O mesmo vale para as empresas. Os dados coletados, analisados e processados tornam-se o resultado necessário para a tomada de decisão. As informações sobre os concorrentes, reunidas pelo departamento de compras, tornam-se um resultado importante para o departamento de desenvolvimento. Além disso, o próprio produto desenvolvido pode ser um resultado a ser utilizado pelo departamento de marketing. Uma empresa é como uma grande orquestra. Cada instrumento é relevante, mas o mais importante é como trabalham juntos para criar uma harmonia e compor uma música. Portanto, a maneira de obter resultados é cuidar bem do seu instrumento, estar pronto para produzir o melhor som possível e, na hora certa, tocar a nota certa para melhorar a qualidade final da música.

Todo o "trabalho" numa organização visa o "resultado". Obtê-lo é absolutamente necessário. Uma organização que não produz resultados é uma organização que está com os dias contados. Existe uma grande possibilidade de sair do mercado, e talvez fosse mais rápido mudar de setor e encontrar outra maneira de sobreviver. O conceito de "resultados acima de tudo" e de cultura organizacional orientada para o desempenho nunca deve ser criticado ou menosprezado. A questão é como a organização avalia e reconhece os resultados. Buscá-los por si só não é condenável. Como uma organização pode sobreviver sem resultados?

É CLARO QUE AS EMPRESAS VALORIZAM PESSOAS QUE ENTREGAM RESULTADOS, MAS...

Ao assistir a um concerto, muitas vezes o músico de um instrumento específico, como piano ou violino, ocupa o centro do palco e lidera a apresentação. Nos filmes, também há papéis coadjuvantes e principais.

Nas empresas, ocorre algo semelhante. Há um papel muito importante para os campeões que são protagonistas em organizações, grandes e pequenas. A única diferença é que o protagonismo, no caso de concertos, filmes e doramas, é bem definido, já nas empresas, não. Dependendo do desempenho, tanto o elenco principal quanto os figurantes podem mudar a qualquer momento. Você se lembra do funcionário que passou de "figurante" a "protagonista" ao resolver um problema de software?

Além disso, se você olhar para uma organização maior, as funções de "protagonista" e "figurante" podem variar entre os departamentos. Quando eu era CEO e chefe da divisão de redes móveis, em 2019, me dediquei para que as empresas B2B, de varejo e on-line alavancassem as vendas de celulares. Embora tenha alcançado algumas conquistas, o varejo passou por uma redução significativa devido à covid-19. Por outro lado, o on-line cresceu muito mais do que o esperado, e o B2B também continuou a crescer. Isso mostra como o ambiente externo pode impactar diretamente os resultados.

Alcançar resultados em um ambiente em constante mudança é algo que deve ser elogiado. Portanto, as pessoas que geram resultados são muito valorizadas, pois são um grande trunfo para a empresa. Como um colega de trabalho, é gratificante estar ao lado de alguém que alcança resultados. No entanto, há um fato que quem consegue esse mérito não deve esquecer: você nunca o alcança sozinho.

A base do trabalho é a cooperação. Nenhuma conquista cai do céu; é necessário o trabalho duro de alguém. Será que o colega que resolveu o problema de software, mencionado no exemplo anterior, teria conseguido tais resultados sem os documentos elaborados pelos superiores? Portanto, se uma pessoa monopoliza o resultado ou se a empresa não trata de forma justa aqueles que contribuíram para ele, surge ressentimento ou ódio. Em outras palavras, a cultura focada em resultados é válida, mas devemos ter cuidado com as consequências negativas que surgem de avaliações injustas de resultado.

Na esfera pessoal, espero que você nunca tenha medo de alcançar resultados. Garanto-lhe que você não será odiado, desde que não monopolize ou roube as conquistas dos outros. As empresas valorizam pessoas que entregam resultados. E pares, seniores e juniores também. A menos que você afirme que fez tudo "por conta própria".

Na verdade, este é um fato que os gestores intermediários e executivos também devem ter em mente. Enquanto era CEO, vi alguns executivos insatisfeitos com funcionários que falavam diretamente comigo, antes de passar por eles. Provavelmente, o pensamento era "Eu sou superior e melhor que meus subordinados", em vez de tratá-los como pessoas. Quando alguém pensa que é o melhor do mundo, algo errado acontece.

À medida que se sobe de posição, o estresse também aumenta, no entanto, a qualidade das informações que chegam também. Em outras palavras, as informações de alta qualidade favorecem a tomada de decisão. Isso não deve ser confundido com uma melhoria na inteligência. A pessoa não está mais inteligente; a quantidade e a qualidade da informação foram ampliadas, criando condições para decisões mais rápidas. Além disso, é importante incentivar os funcionários juniores a falarem diretamente com a liderança da empresa. Um júnior pode aprender algo valioso conversando com o CEO, por exemplo, devido à experiência e ao conhecimento que ele tem. Tudo o que precisa fazer é garantir que o subordinado compartilhe o feedback com você depois.

O QUE AS ORGANIZAÇÕES DEVEM OBSERVAR NA GESTÃO DE RESULTADOS

A gestão de resultados exige esforço sistêmico e não deve ser observada somente pelos indivíduos. No ambiente de trabalho, não é incomum que as pessoas superestimem suas conquistas para se autopromover. Esse é o comportamento de alguns seniores quando querem aumentar seu valor. Isso também pode ser visto quando os funcionários juniores estão prestes a ser promovidos, ou quando, após várias tentativas fracassadas, ficam ansiosos e tentam obter resultados a qualquer custo.

Nesse caso, é preciso analisar com atenção a quem o resultado é devido. E se todas as conquistas fossem creditadas para quem, no final, limpou e poliu o carro, e não para quem que o construiu, como o engenheiro, o gerente de dispositivos de segurança ou o gerente de dispositivos eletrônicos? Quem, então, ficaria responsável por garantir a segurança do veículo? Portanto, devemos assegurar que as recompensas sejam atribuídas àqueles que de fato contribuíram com o resultado.

É importante ouvir os juniores, especialmente quando os seniores reivindicam o crédito por suas realizações. Processos justos criam uma cultura organizacional digna, em que os verdadeiros responsáveis pelo resultado recebem os créditos e continuam trabalhando com empenho.

23.
Emprego vitalício *versus* carreira vitalícia

Dizem que não há emprego vitalício. O que você acha?

Eu diria que depende de quem tem o controle. O termo "emprego vitalício" sempre soou como algo que as pessoas diziam quando perdiam o controle da própria carreira dentro da empresa. Se você tem competências e é valioso para a empresa, é ela, e não você, que se preocupará em mantê-lo. Em outras palavras, se você tem competências e habilidades, não há necessidade de ficar preso ao termo "emprego vitalício".

ATÉ QUE IDADE É PRECISO TRABALHAR PARA TER UM "EMPREGO VITALÍCIO"?

Quando me perguntam sobre emprego vitalício, faço a pergunta ao contrário: "Até que idade você acha que tem que trabalhar para considerar que está em um emprego vitalício?".

Provavelmente, o tema do emprego vitalício foi mais discutido na Coreia durante a crise financeira do FMI de 1997-1998. Como muitos trabalhadores foram demitidos devido a reestruturações, a mídia veiculava muito a notícia de que "Estamos num momento em que não há mais emprego vitalício".

No entanto, o conceito de emprego vitalício é um pouco vago. A idade média de aposentadoria na Coreia é de 60 anos; em algumas profissões, aumenta para 65 anos, mas isso muda e mudará o tempo todo.

Se a aposentadoria é flexível, então o que significa "vitalício" em relação a emprego? Não podemos interpretar literalmente como trabalhar até o último dia de vida nem trabalhar em uma empresa até a aposentadoria. Numa visão mais realista, "emprego vitalício" pode ser o momento em que nossas habilidades não são mais valorizadas ou necessárias para a empresa.

Conforme envelhecia e minha promoção a executivo era sempre adiada, ao mesmo tempo que observava meus colegas mais experientes preocupados com a ascensão dos mais jovens, comecei a refletir sobre o que seria o "fim da carreira" e como o conceito de "emprego vitalício" não fazia muito sentido. E esse pensamento ainda permanece.

Em última análise, acredito que um "emprego vitalício" depende de como você o define. Para algumas pessoas, pode significar trabalhar até se aposentar, para outras, trabalhar até demonstrar plenamente suas habilidades e alcançar seus sonhos.

Mais importante ainda, deve-se considerar o conceito de "carreira vitalícia" em vez de "emprego vitalício". Para mim, o termo "emprego vitalício" sempre soou como algo que as pessoas diziam quando perdiam o controle sobre suas carreiras dentro da empresa. Se você tem competências e habilidades que a companhia valoriza, não há necessidade de ficar preso ao termo "emprego vitalício". Ou seja, se possui qualificação, você terá uma "carreira vitalícia".

A RAZÃO PELA QUAL SÓ TRABALHEI NA SAMSUNG

Entrei na Samsung antes de me formar na faculdade e essa foi minha única experiência profissional. Em janeiro de 2022, completei 38 anos de empresa. Às vezes, quando me encontro com parceiros de negócios estrangeiros e relato meus anos de serviço, eles ficam completamente surpresos. É algo comum dentro da Samsung, mas raro em empresas estrangeiras. Para eles, eu sou a exceção.

A razão pela qual pude trabalhar exclusivamente na Samsung foi porque, quanto mais eu me dedicava, mais a empresa me tratava com justiça e cuidava de mim. Eu tinha a confiança de que, se trabalhasse duro, a empresa reconheceria isso. Como outras empresas, a Samsung tinha muitos seniores e juniores excepcionalmente bons e, mais do que tudo, foi muito gratificante trabalhar com eles e contribuir para a economia nacional. Não quis perder a boa sensação de realização e aproveitei a experiência de compartilhar os altos e baixos dentro da cultura da empresa.

Nos últimos vinte anos, a Samsung Electronics fez progressos notáveis. Na década de 1990, a empresa não tinha o status no mercado global que tem agora. Desde a declaração de nova gestão do antigo presidente, em 1993, a forma como trabalhamos e nossa cultura foram mudando diariamente, e os resultados só foram visíveis em 2000. Mesmo nos mercados internacionais, em que não sabiam bem se a Samsung era japonesa ou não, ela foi reconhecida como uma empresa coreana de TI.

Trabalhei, desde 2000, como chefe de um centro de pesquisa no exterior e, quando retornei à Coreia, em

2006, fui responsável por tarefas como planejamento, desenvolvimento e estratégia tecnológica de produtos móveis. Naquela época, eu estava tão absorto em meu trabalho que me perguntava por que o dia tinha apenas 24 horas. Nunca pensei em sair da empresa. Eu simplesmente gostava da Samsung e ficava feliz em perseguir meus sonhos dentro dessa cultura. Eu tinha dúvidas se conseguiria ter um bom desempenho em outra organização, mas minha maior questão era se outra empresa me daria oportunidades tão justas quanto a Samsung.

Claro, encontrei um bom emprego e, graças ao conhecimento de bons seniores e juniores, pude realizar meu sonho de uma carreira vitalícia em um emprego vitalício. Sei que não é o caso para muitas pessoas. Por isso, gostaria de compartilhar as palavras a seguir.

TRÊS MANEIRAS PARA "EU", E NÃO "A EMPRESA", ASSUMIR O CONTROLE

Se eu me sair bem, a empresa não vai me mandar embora. Se eu tiver o controle, é a empresa que vai se preocupar em me manter. Então, o que devo fazer para assumir a direção?

A princípio, você deve realizar seu trabalho com mais diligência e rapidez do que qualquer outra pessoa da equipe e ter diferenciais, como habilidades linguísticas. Uma pessoa preparada pode aproveitar oportunidades de crescimento antes de qualquer outra.

Em segundo lugar, quando trabalha duro, você pode se tornar excessivamente apaixonado e, às vezes, deixar as pessoas ao redor desconfortáveis, mesmo sem intenção. Esse comportamento pode parecer rude para alguns. Quando eu era gerente intermediário, trabalhava com muito entusiasmo. Em dada situação, ouvi meus superiores dizerem: "Koh Dongjin parece um executivo!". Esse tipo de comentário revela que é hora de abaixar a bola e cuidar da humildade.

Em terceiro, mantenha sempre o foco, para que, caso a empresa o mande embora, seja ela a lamentar, e não você. O método que usei foi comparar-me com um "eu" que trabalha numa empresa líder global. Foi como imaginar e comparar um dos meus muitos "eus" no chamado multiverso. Eu mirava no fato de que, embora meu inglês fosse um pouco fraco, meu trabalho era melhor.

Dependendo da época, essa empresa era Nokia, Apple ou Google. Esses esforços de benchmarking continuaram até meus 50 anos e, conforme me desenvolvia com a ajuda desses pensamentos, a própria ideia de "emprego vitalício" desapareceu da minha mente. Se a empresa me mandasse embora, eu teria a confiança de dizer: "Thank you! So far so good!" e seguiria para uma empresa global que me receberia de braços abertos.

As empresas não são filantropas. Elas devem perseguir incessantemente os lucros e alcançar resultados, além de também contribuir para a economia nacional por meio de impostos. A missão da empresa é usá-los para melhorar a qualidade de vida dos cidadãos e garantir que quem precisa se beneficie. Cabe a você decidir se quer se tornar um jogador que alcança resultados e desempenha um papel dentro de tal organização, ou se vai se tornar um parasita que causa prejuízos à empresa.

Às vezes, alguns funcionários juniores pensam em sair porque dizem que a empresa não os reconhece, apesar de seu empenho. Mas quem afirma isso perdeu a competitividade em algum momento. A versão afiada da pessoa desaparece e dá lugar a uma forma irregular, deixando de ser indispensável e tornando-a substituível. No momento em que sua competitividade diminui, a ideia de "emprego vitalício" torna-se um fardo.

Portanto, quando essa ideia lhe vier à mente, tente reexaminar sua posição dentro da organização. E se sentir que não há mais oportunidades para você, sugiro que procure outro emprego.

Não vivemos mais na era do "emprego vitalício", e sim na da "carreira vitalícia". Portanto, pensar em "emprego vitalício" agora é um sinal claro de que você perdeu seu diferencial. Então, espero que você possa aprimorar suas habilidades únicas e se tornar uma pessoa benquista por qualquer organização ou empresa.

24.
O julgamento é a força para seguir em frente

Qual ponto-chave não podemos perder de vista em momentos de escolha?

O objetivo é o critério e a essência. Cada momento da vida é uma escolha, por isso você precisa de um objetivo. Um objetivo não é só um ponto de chegada, mas também um indicador que podemos usar como critério. Para não vacilar nas escolhas, você precisa verificar e revisar seus objetivos periodicamente.

O CRITÉRIO PARA A MINHA DECISÃO ERA A REALIZAÇÃO DO MEU OBJETIVO

A vida é feita de escolhas. Em suma, temos que escolher desde a refeição, no menu, até roupas e sapatos. As opções podem nos agradar ou não, mas podemos alterá-las mais tarde. Se limitarmos essa questão ao âmbito profissional, minha escolha é muito simples.

Minha métrica sempre foi realizar um objetivo. Em outras palavras, eu tomava decisões baseado no que me ajudaria a chegar à presidência da companhia. Estabeleci essa meta no início da carreira. Quando entrei na Samsung, eu tinha claro para mim que, depois dos 50 anos, seria CEO, e cada tomada de decisão tinha em vista esse objetivo.

Depois de ingressar na Samsung, comecei a estudar japonês antes mesmo de aprender inglês. Antes de trabalhar no escritório de planejamento geral da Samsung Electronics, trabalhei em um dos seus centros de pesquisa. Na época, o centro não apenas colaborava com empresas japonesas, mas também contava com consultores japoneses trabalhando lá, por isso falávamos principalmente em japonês. Como resultado, houve uma divisão natural entre os que sabiam falar o idioma e os que não sabiam, e todos, inclusive eu, não tiveram escolha a não ser estudá-lo. Eu participava dos cursos oferecidos pela empresa e conversava em japonês com minha mãe nos fins de semana.

Depois, ao ser transferido para o departamento de planejamento estratégico em Seul, que ficava no edifício onde hoje é o jornal *JoongAng Ilbo*, percebi rapidamente que, ao contrário do japonês, o inglês seria muito mais importante para minha carreira. Naquela época, não existia internet como agora, e a comunicação via PC e modems estava apenas começando a se consolidar. No momento em que assisti às Olimpíadas de 1988, percebi que o inglês seria muito importante no mercado global. A partir daí, deixei de lado o japonês por um tempo e foquei no inglês.

Claro que de vez em quando encontrava um professor para conversar e não esquecer o que havia estudado, mas a partir daí o inglês passou a ser minha principal língua estrangeira. Enfatizei aos colegas da época que, nos próximos cinco a quinze anos, veríamos estrangeiros ocupando altos cargos, por isso deveríamos falar inglês para não ficarmos para trás.

E essa decisão provou ser uma escolha acertada para minha carreira. Naturalmente, fui estudar no Reino Unido e, apesar das minhas limitações linguísticas, consegui me comunicar e fazer negócios no mercado global sem grandes dificuldades.

UM GUIA CHAMADO ROTEIRO

Se a primeira escolha fora uma língua estrangeira, a segunda opção era ir para o exterior. Naquela época, duas coisas me aguardavam: a oportunidade de solidificar minha carreira com formação acadêmica no exterior, enquanto trabalhava na Samsung, e a oportunidade de trabalhar na filial coreana de uma empresa japonesa e, posteriormente, no Reino Unido.

Procurei o gerente de RH com a intenção de pedir demissão, caso a empresa não me desse a oportunidade de estudar no exterior e, como resposta, ouvi que deveria ir para uma boa universidade. Ainda penso no gerente de RH da época como meu benfeitor. Eu desejava tão desesperadamente um mestrado no exterior porque achava que era um passo necessário para alcançar meu objetivo de me tornar presidente. A empresa respondeu a esse desejo sincero, por isso, é claro que a minha escolha foi a formação em vez de mudar de emprego.

Se você for diligente, em algum momento receberá oportunidades dentro e fora da empresa. Nesse momento, quais critérios você usará para julgar e decidir?

Minhas duas decisões anteriores foram baseados no objetivo de "me tornar o CEO". Se você tem um roteiro que abrange cinco, dez ou quinze anos, acredito que ele será um ótimo guia nos momentos de decisão.

Se você adotar uma visão de curto prazo, suas opções se tornarão limitadas e será fácil tomar decisões erradas. Mas acredito que, se você fizer suas escolhas tendo em mente toda a sua vida, não errará muito.

NÃO HÁ MAIS VOLTA, SIGA EM FRENTE

É importante seguir em frente com essas escolhas sem se arrepender ou olhar para trás. Mudar de ideia depois que o dado já foi lançado é como tentar mudar as regras de um jogo em andamento — não faz diferença alguma. É necessário confiar na sua decisão e avançar com determinação. Acredito que o julgamento seja, em última análise, a força para seguir em frente. É importante tomar uma decisão, mas, depois de tomá-la, você não deve olhar para trás.

A última grande escolha que fiz na carreira foi decidir se assumiria o cargo de diretor do centro de pesquisas no Reino Unido. Na verdade, como não tinha experiência em desenvolvimento, tive muito medo de assumir esse cargo. Embora tivesse um ano de experiência com dois cargos simultâneos, assumir total responsabilidade pelo centro seria outra questão e um novo desafio.

No final, depois de muito refletir, decidi deixar o cargo de recursos humanos e assumir o cargo de diretor do centro de pesquisa, com a expectativa e o pensamento de que "se eu superar esse desafio, poderei fazer um trabalho ainda mais importante no futuro."

Olhando para trás, vejo que essa decisão não foi apenas certa, mas inevitável. Sem a experiência como diretor do centro de pesquisa, teria sido difícil trabalhar na divisão de redes móveis (atualmente a divisão MX), bem como assumir funções de diretor de desenvolvimento e chefe de departamento. Os difíceis e solitários cinco ou seis anos que passei como diretor do centro de pesquisas foram uma experiência valiosa em minha vida, e graças a eles pude crescer como profissional.

Depois que você se torna executivo, quase não há opções de escolha. Você tem que fazer tudo o que lhe é dado, e não há tempo para ficar se perguntando se deve ou não fazer, ou se quer ou não fazer. Você apenas tem que fazer.

É por isso que um roteiro quando você é jovem é ainda mais importante. Julguei e decidi cada escolha com base no roteiro que estabeleci aos 20 anos. E depois de fazer minha escolha, corri apenas olhando para a frente. O resultado é o meu presente, e estou satisfeito e grato por todas as minhas escolhas anteriores.

25.
Fuga ou desafio? As condições para mudar de emprego

Existe uma boa maneira de mudar de emprego?

Há uma diferença entre fugir e se desafiar. Como passei 38 anos na mesma empresa, me perguntei muito se seria apropriado falar em mudança de emprego. No entanto, penso que a razão pela qual essa questão surge constantemente é porque todos já pensaram em mudar de emprego pelo menos uma vez. Por isso, gostaria de partilhar minha opinião.

A SUPERSTIÇÃO DOS 3, 5 E 7 ANOS

Não sei se essa história ainda se aplica, mas quando eu estava trabalhando ativamente, havia a "superstição dos 3, 5 e 7 anos" sobre a mudança de emprego. Ou seja, a chegada dos três, cinco ou sete anos em uma empresa são pontos críticos. Considerando que os momentos de virada na vida profissional, muitas vezes, coincidem com esses marcos, talvez não seja mera superstição.

Normalmente, após três anos de empresa, você consegue enxergar até certo ponto o entorno, sua competitividade e como é avaliado. Ou seja, pode saber se deseja continuar na empresa ou não. Na verdade, no primeiro ou no segundo ano, você está tão ocupado se ajustando que não tem tempo para olhar em volta ou refletir sobre seu desempenho. Depois de passar com sucesso pelo terceiro ano, o quinto se aproxima, e você começa a sentir sede de crescimento e conflitos internos.

Normalmente, do terceiro ao quinto ano, as pessoas consideram fazer um MBA ou obter um diploma no exterior. Às vezes, ao ver colegas estudando fora, você se sente em conflito e teme que essa possa ser sua última oportunidade de se desafiar e crescer. Acerca disso, eu sempre encorajei e apoiei os funcionários juniores que enfrentavam tais conflitos. Embora não pudesse fornecer ajuda diretamente, discutíamos juntos se havia uma forma de a empresa fornecer suporte. Vale a pena investir de um a dois anos de sua vida para se tornar um profissional de maior nível.

Se você sair para um programa acadêmico no exterior com o apoio de sua empresa e voltar, ou mesmo se não sair, terá aproximadamente 30 e poucos anos no sétimo ao nono ano de experiência. Dado que a maioria das pessoas terá constituído família, as preocupações com a mudança de emprego certamente irão aumentar. Nesse momento, vale discutir todas as condições possíveis com seu cônjuge, colegas e superiores.

Sempre digo que, se alguém quiser mudar de emprego, deve fazer isso quando jovem, quando tem energia, paixão e disposição para enfrentar desafios. Assim, poderá mudar de emprego com sucesso. No entanto, é aconselhável evitar mudanças frequentes de emprego. Do ponto de vista da gestão, é difícil confiar nas pessoas que trocam com frequência de empresa, porque elas podem mudar novamente. Então, antes de trocar de emprego, você deve refletir se essa será a última vez. Se não chegar a uma conclusão, pode escolher uma mudança de emprego que todos a seu redor aplaudam, sem se oporem. Caso contrário, pode ser interessante reconsiderar.

PESSOAS QUE SÃO BOAS NO QUE FAZEM SE DÃO BEM EM QUALQUER LUGAR

Todos nós precisamos ser "profissionais" em vez de só "empregados". Enfatizei que o momento para maximizar a competitividade é entre os 20 e os 30 anos porque, independentemente de mudar de emprego ou não, a competitividade é essencial para viver e receber tratamento adequado em qualquer lugar.

Desde que entrei na Samsung, estava determinado a me tornar presidente, por isso, mesmo insatisfeito e incomodado, não pensei em mudar de emprego. Pode ser porque, ao conversar com amigos que trabalhavam em outros lugares, sempre concluía que não havia empresa como a Samsung. Além disso, meu autojulgamento de que não tinha capacidade de sair de lá e receber um tratamento melhor em outro lugar também teve um papel importante.

Isso não significa que nunca estive envolvido em questões relacionadas a mudança de emprego. Muitos colegas me procuraram para conversar sobre esse assunto, e eu também conversei com pessoas que queriam trabalhar na Samsung. No entanto, em retrospectiva, uma verdade se destaca em meio às inúmeras mudanças de emprego: pessoas que são boas no que fazem se dão bem em qualquer lugar.

E algo que as pessoas que se dão bem em qualquer lugar têm em comum é o motivo da mudança de emprego.

Normalmente, as pessoas que pensam em mudar de emprego dizem ter relacionamentos interpessoais difíceis, não gostar do chefe ou ter conflitos graves com colegas. Contudo, as pessoas que mudam de emprego com sucesso dizem que a visão da organização não correspondia à sua ou que seu desempenho não foi devidamente reconhecido.

Em outras palavras, a mudança foi motivada por diferenças no trabalho e na visão, e não por questões de relacionamento interpessoal. Na verdade, os seniores e os superiores nunca querem perder um júnior inteligente e bom no trabalho. Em um ambiente em que é difícil selecionar bons funcionários e treiná-los, por que alguém deixaria um funcionário já adaptado e fazendo um bom trabalho sair? A resposta já está dada; no final das contas, a melhor maneira de mudar de emprego não é querer fugir dos problemas de relacionamento, mas se desafiar para ser reconhecido pelas próprias habilidades.

Na verdade, espero sinceramente que todos os colegas que deixam a Samsung tenham sucesso, quer entrem em outra empresa ou iniciem o próprio negócio. Todos trabalham muito para o desenvolvimento econômico da Coreia e, consequentemente, do povo. Essa também era a filosofia de Lee Byung-chul, o fundador da Samsung.

SE VOCÊ ESTÁ FUGINDO DE RELACIONAMENTOS, MUDAR DE EMPREGO NÃO É A RESPOSTA

Se o motivo pelo qual você deseja mudar de emprego é para melhorar sua carreira ou porque sua organização atual e sua visão de futuro não coincidem, não tenho intenção de impedi-lo. No entanto, se o motivo da mudança for questões interpessoais, como conflito com um superior, é recomendável mudar de departamento ou de função, em vez de emprego.

Conflitos entre as pessoas existem em todos os lugares. No entanto, quando alguém causa problemas em uma empresa, provavelmente se encontrará em apuros em outro lugar também, mesmo que pense que não foi a causa. Portanto, se você está pensando em mudar de emprego por conta de um conflito, precisa refletir se a raiz do problema não está em você.

Na verdade, muitas pessoas hoje em dia consideram o equilíbrio entre vida pessoal e trabalho mais importante do que salário ou benefícios. Se você tem um hobby, tem o apoio do cônjuge e da família e gera renda suficiente, acho isso ótimo. Se você não tem pressa financeira, não é uma má ideia viver uma vida tranquila e com mais tempo livre. Se eu fosse o filho mais novo de uma família rica, poderia ter vivido uma vida diferente da que vivo agora. No entanto, para mim, não havia outra escolha, então estabeleci uma meta e corri em direção a ela sem sequer pensar em mudar de emprego.

Nem todos têm a mesma opinião que eu e, como muitas coisas mudaram desde aquela época, incluindo a economia do país e as rendas individuais, não posso dizer o que é certo ou errado. O mesmo se aplica à mudança de emprego. No entanto, se você deseja ter sucesso apenas por meio do trabalho, recomendo que aborde a mudança de emprego com cuidado e estratégia. Não podemos esquecer que mudar de emprego também é um ponto importante na gestão de carreira.

5. AUTOGESTÃO:
知之爲知之 不知爲不知 是知也[11]

---

[11]. Assim como "saber o que se sabe e o que não se sabe é o verdadeiro conhecimento", a autogestão consiste em identificar e melhorar o que você sabe e o que não sabe.

Pessoas com uma base sólida podem se curvar ligeiramente, mas não quebram. Elas discutem e pedem conselhos a superiores e colegas. Em vez de perder tempo suspirando, elas procuram soluções. Em vez de se irritarem, procuram diversas maneiras de resolver o problema. E, mesmo em momentos como esse, não demonstram seus altos e baixos emocionais. Poderíamos dizer que são pessoas com uma postura externa calma, mas de grande força interior. Ainda que dezenas de milhares de cenários estejam por trás de seu rosto calmo, elas nunca causam problemas aos colegas no processo. Embora não consigam atingir 100% de seus objetivos, sempre alcançam um determinado nível de desempenho e crescem aos poucos.

26.
As condições para se tornar um talento notável

O que devo fazer para ser notado na empresa?

O que você vê não é tudo, mas há momentos em que tudo pode ser visto. Só porque você trabalha há muito tempo não significa que saberá ler as pessoas. Contudo, com a experiência, os dados são acumulados, os princípios básicos são formados e as informações sobre as pessoas são criadas. Isso significa que as decisões podem ser tomadas de forma mais precisa. Com base nisso, resumirei as condições para se tornar um talento notável na empresa.

A RESPOSTA ESTÁ NO "BÁSICO"

Costuma-se dizer que, se podemos ver uma coisa, podemos entender dez. No entanto, acho que isso pode ser um pouco precipitado. As pessoas são seres muito complexos, portanto, julgar apenas olhando fragmentos levará a conclusões limitadas.

Especialmente no local de trabalho, em que várias relações humanas estão interligadas, o julgamento precipitado não é boa ideia, porque o estigma de ser "aquele tipo de pessoa" pode limitar alguém. Porém, as folhas promissoras de uma árvore realmente se destacam, embora não de imediato, mas deixam sua marca de forma gradual.

Quando uma pessoa recebe o elogio "Essa pessoa é boa" várias vezes, naturalmente começamos a prestar mais atenção e, aos poucos, a estender a mão a ela. Além disso, trabalhar em conjunto permite conhecer muito sobre essa pessoa em um curto espaço de tempo: sua capacidade de lidar com as situações, como ela responde a desafios, se tem conhecimento ou não, e qual é seu nível de força interior e de autogestão.

Então, quem são as folhas promissoras em uma organização?

Primeiro, elas têm bases sólidas. Essa base não significa ter determinado nível de educação, conhecimento ou riqueza. Trata-se de atender aos padrões universais de uma "pessoa correta".

Pessoas que são respeitosas com os pais, têm um relacionamento amigável com os irmãos e se dão bem com os colegas de trabalho não são apenas boas pessoas, mas pessoas realmente necessárias em uma organização. Elas são fiéis à própria vida e trabalham de forma honesta e dedicada. Aqueles que valorizam a família e entendem a importância dos pais se destacam no ambiente de trabalho, mantendo boas relações com colegas, subordinados e superiores, e se desenvolvem de forma consistente.

Acima de tudo, as folhas promissoras são comprometidas. Cumprem horários rigorosamente, seja para reuniões ou para o trabalho. Nunca chegam atrasadas. Terminam relatórios antes que o chefe precise cobrar, e às vezes até entregam algo a mais. Cumprir prazos é, em si, uma habilidade de autogestão. Com sua aparência organizada e cuidadosa, essas pessoas ganham a confiança dos outros.

O verdadeiro valor dessas pessoas é revelado quando algo inesperado acontece. A vida corporativa é uma série de variáveis. Não importa quanto você tente, há momentos em que apenas o esforço não é suficiente, e pode ser necessária a ajuda de outras pessoas ou departamentos. Isso pode ser estressante, mas também é a essência do trabalho. E a diferença entre aqueles que o aceitam como um fardo e aqueles que o aceitam como uma oportunidade reside na presença ou ausência de uma base sólida.

As pessoas com uma base sólida podem se curvar ligeiramente, mas não quebram. Elas discutem e pedem conselhos a superiores e colegas. Em vez de perder tempo suspirando, elas procuram soluções. Em vez de se irritarem, procuram diversas maneiras de resolver o problema. E, mesmo em momentos como esse, não demonstram seus altos e baixos emocionais. Poderíamos dizer que são pessoas com uma postura externa calma, mas de grande força interior. Ainda que dezenas de milhares de cenários estejam por trás de seu rosto calmo, elas nunca causam problemas aos colegas no processo. Embora não consigam atingir 100% de seus objetivos, sempre alcançam um determinado nível de desempenho e crescem aos poucos.

QUANDO SE TRATA DE CORAÇÃO, NÃO É O TAMANHO QUE IMPORTA, MAS O MATERIAL

A segunda característica é ser uma pessoa com o coração flexível. Costuma-se dizer que uma pessoa pequena de espírito é como uma tigela de molho de soja. A comparação é feita porque elas têm um espaço pequeno, mas eu acredito que o tamanho do coração não importa tanto.

Quem nasce com um grande vaso no peito? Todos nascemos com um coração pequeno, como uma tigelinha de molho de soja. O que realmente importa é de que material essa tigela é feita.

Se o coração for como uma tigela de cerâmica brilhante, pode quebrar facilmente. Se houver um choque de fora ou um estresse interno, ele se quebrará. Essas pessoas são difíceis de moldar. Mas, se essa tigelinha for feita de bronze, ela tem o potencial de crescer. Se for aquecida no fogo e batida, pode aumentar de tamanho.

Geralmente, aqueles que vivem com coração de cerâmica cometem o erro de se concentrar excessivamente no que têm à vista, perdendo a oportunidade de alcançar algo maior. O erro mais comum que essas pessoas cometem é perder grandes coisas por causa dos lucros imediatos; elas se perdem na floresta porque são focadas demais nas árvores.

Isso depende de esforço e autodisciplina, ainda que tenha aprendido muito ou ter muito. Uma pessoa com um coração de bronze sabe ser grata e reconhecer os méritos dos outros. Esse coração cresce infinitamente. Se você acha que sua tigela é de cerâmica, deve quebrá-la e fazer um esforço para criar uma tigela de bronze dentro de você.

A VIRTUDE DE QUEM EXALA O PRÓPRIO AROMA

Se uma pessoa com base sólida consegue se expandir através da experiência e é uma folha que se destaca na organização, uma pessoa que consegue emitir o próprio aroma tem potencial para criar uma grande sombra por si mesma.

Para criar esse aroma próprio, é necessário, a princípio, absorver o máximo possível. É como uma esponja que, para poder liberar algo de dentro, precisa primeiro absorver. Pessoas que tentam absorver e digerir coisas úteis no trabalho e na vida crescem visivelmente, como plantas que absorveram nutrientes.

A leitura não pode ser deixada de lado. Por meio dela, os clássicos e a história tornam-se materiais importantes que ampliam o campo do pensamento. Quando você conversa, pode sentir que as pessoas que leem livros de história e entendem o fluxo dos tempos usam palavras diferentes, e suas perspectivas sobre o presente são claramente distintas. A história não se repete, mas as tendências, sim.

Todos sabem que a Restauração Meiji foi um importante ponto de partida para a modernização do Japão. Nessa época, era o quinto ano do Rei Gojong no trono de Joseon, e, em 1865, o ministro Heungseon Daewongun havia iniciado a destruição de pavilhões e a reconstrução do Palácio Gyeongbokgung. Naquela época, nos distantes Estados Unidos, o presidente Lincoln declarou a emancipação dos escravizados (1863) e, na Inglaterra, foi construído o primeiro metrô do mundo com motores a vapor. Enquanto o mundo corria para a modernização, a Coreia se afastava da mudança.

É claro que isso aconteceu há mais de cem anos, mas ainda hoje podemos ver a desaceleração no desenvolvimento das potências mundiais. Quem conhece a história pode usar o passado como guia para determinar a atitude a ser tomada no presente. Contudo, aqueles que não sabem irão tropeçar ou nem serão capazes de perceber as mudanças, ficando ultrapassados.

⊚⊚⊚

No final, pode-se dizer que o aroma que podemos exalar vem do acúmulo de sabedoria dos clássicos e da história. Ao ingressar em uma empresa, talvez você não tenha tempo suficiente para ler livros, pois estará ocupado resolvendo problemas imediatos. No entanto, se não negligenciar esse aspecto, em um ou dois anos você terá absorvido os nutrientes necessários para crescer. Em vez de somente lidar com tarefas, você desenvolve sua capacidade de pensar e resolver problemas por conta própria. E a sabedoria utilizada nessa época vem das ações de pessoas do passado e da verdade contida nos clássicos.

Não é à toa que os livros são considerados repositórios de sabedoria.

Então, quando encontro colegas com conhecimento mais profundo da história, tendo a me sentir desafiado sem perceber. Posso ter muita experiência devido à minha idade, mas a profundidade do embasamento histórico que eles têm pode ser maior que a minha. Junto com a tensão vem uma agradável sensação de expectativa. Mais emocionante do que qualquer outra coisa é ver como eles irão exalar o próprio aroma e crescer.

◎ ◎ ◎

Isso não se limita a pessoas na faixa dos 20 e 30 anos. Mesmo quem se torna gerente intermediário ou executivo aos 40 ou 50 anos, deve continuar a "exalar seu aroma". E isso é possível por meio da abertura, da delegação e da escuta. Você acha que, ao cercar-se de especialistas ou dar mais responsabilidades aos subordinados, seu trabalho vai desaparecer e sua autoridade será reduzida? Não vão. Os superiores tendem a sempre observar com interesse aqueles que desenvolvem talentos e produzem resultados, e é natural confiar grandes tarefas a essas pessoas de mente aberta. Para mim, especialistas talentosos, sejam seniores ou juniores, sempre foram uma fonte de curiosidade e inspiração. Aprendi e cresci, deixando-os fazer o trabalho enquanto atuava como facilitador.

Ao exalar seu aroma, crie uma grande sombra e faça seus subordinados crescerem. Faça-os crescer muito. Quando você os ajuda a crescer, você também cresce. É a verdade. Aqueles que cultivam e desenvolvem seus subordinados serão sempre observados pelos superiores e, eventualmente, serão valorizados.

27.
Como encontrar uma resposta que não existe

> **Qual é a coisa mais importante para o desenvolvimento pessoal?**
>
> A vida é uma busca por respostas que não existem. Não creio que o desenvolvimento pessoal seja uma questão com solução clara. Penso que a resposta para aspectos tão diversos e de alta dimensão da vida humana só possa ser obtida por meio de filósofos, professores ou figuras religiosas. No entanto, tudo o que posso responder é baseado na minha experiência de trabalhar em apenas um emprego durante dois terços da minha vida. Então, gostaria de compartilhar algumas reflexões.

A VIDA NO TRABALHO TAMBÉM É MINHA VIDA

Andrew Carnegie disse em sua autobiografia: "A pessoa média dedica 25% de sua energia e habilidades a seu trabalho. O mundo saúda aqueles que dedicam 50% de suas habilidades e se curva às raras pessoas que dedicam 100% de si mesmas".

Aqueles que procuram respostas para o desenvolvimento estão caminhando para essas porcentagens. É certo que serão notados e, mesmo que falhem algumas vezes, um dia experimentarão o sabor do sucesso. A própria vida, eventualmente, evolui.

Eu nunca abandonei minha paixão pelo desenvolvimento pessoal, e apliquei-a no trabalho. É difícil imaginar o desenrolar da vida sem considerar o trabalho. Mesmo que não trabalhe numa organização, se considerar que o trabalho é o local no qual se desenvolvem todas as atividades econômicas, concordará que ele é parte inseparável da vida. Então, aqui, eu gostaria de restringir a questão do desenvolvimento pessoal à vida do trabalhador.

O que é o desenvolvimento da vida de um trabalhador, como pode ser definido e onde começa? Aqueles que leram este livro com atenção desde o início devem ter notado, mas o critério que usei para dividir a vida foi principalmente a faixa etária. Também mencionei várias coisas que os indivíduos devem buscar e se esforçar para alcançar, dependendo de sua idade. Essa é uma boa forma de organizar o que um trabalhador precisa para crescer e se desenvolver em sua área de atuação. Que tal observarmos, juntos, o gráfico a seguir?

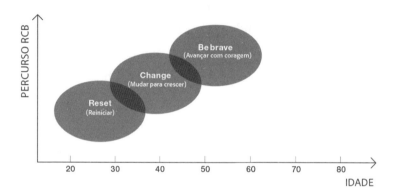

No próximo gráfico, está a forma como imagino minha vida com base no anterior.

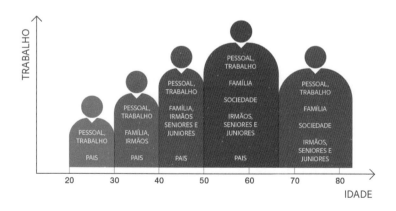

Se colocarmos o tempo de vida no eixo X e o tempo com a família no eixo Y, vemos que, entre os 20 e 30 anos, concentrei-me exclusivamente no meu desenvolvimento. Se fosse a construção de uma casa, essa seria a fase de fundação.

Dos 30 aos 40 anos, a gama de coisas que tive que abraçar aumentou ainda mais. Deixei de pensar apenas em mim e comecei a pensar nos meus pais e na minha família. Aos 50 anos, o apoio e a preparação dos filhos e a preocupação com o que eles vivenciariam também estava no meu escopo de pensamento. E, nessa época, também comecei a pensar na vida na aposentadoria, além do que eu deixaria para trás após a morte. Entre os 20 e 50 anos, a vida gira em torno do trabalho. É claro que crescer no trabalho também terá impacto na manutenção da vida fora dele.

O desenvolvimento pessoal não acontece apenas olhando para si mesmo. Em todas as fases da minha vida, a família sempre esteve presente. E a todo momento há coisas de que preciso cuidar. Às vezes, a responsabilidade pode cansar, mas me faz crescer e me torna mais forte. Quando não questiono as responsabilidades e apenas as aceito como algo que devo carregar, elas se tornam um saco de areia, que desenvolve todos os músculos da vida.

Olhando para trás, antes e depois de me casar, meus pais e irmãos foram a força motriz e a fonte de esforço para desenvolver minha vida. Depois do casamento, foram minha esposa e meus filhos. Em particular, minha esposa é mais que uma companheira; ela é minha aliada e a energia para meu desenvolvimento. Foi minha família que me fez decidir melhorar minha vida e seguir em frente.

O que é importante no desenvolvimento da vida muda com o tempo. No entanto, o foco não deve ser dinheiro e riqueza. A riqueza não acontece só porque queremos. Porém, se você seguir na direção certa e trabalhar duro, pode haver uma diferença de velocidade, mas eventualmente ela seguirá o caminho até você. Não se deve buscar a riqueza, e sim permitir que ela nos siga. Essa foi minha vida na Samsung.

Talvez o desenvolvimento da vida seja uma questão de combinar o que é importante, dependendo da sua idade, e colocá-lo adequadamente dentro dos limites da vida. O que os sustenta é uma base sólida de paixão, e expandi-los adequadamente é o que chamamos de "experiência".

IMPULSO À PAIXÃO

A melhor maneira de saber as respostas para o desenvolvimento pessoal é descobri-las por si mesmo, lendo, adquirindo referências diversas e ampliando o entendimento sobre as pessoas. No entanto, estou tentando transmitir o que aprendi ao longo de quase quarenta anos de experiência em uma única empresa, por isso espero que você leve em consideração que minha visão pode ser um pouco restrita.

A vida não tem respostas definitivas. Portanto, não há respostas definitivas sobre os elementos necessários para desenvolvê-la. Os clássicos, ou seja, a verdade, são imutáveis. Há um ditado atribuído a Confúcio que diz que "Saber o que se sabe e saber o que se não sabe, isso é o verdadeiro conhecimento", e isso sempre foi como um guia na minha vida. No entanto, ao ler *A vida é uma série de soluções de problemas*, de Karl Popper, há algum tempo, me deparei com uma passagem impressionante.

"'Não sabemos nada.' Esse é meu primeiro ponto. 'Portanto, devemos ser humildes.' Esse é meu segundo ponto. 'Não devemos dizer que sabemos quando não sabemos.' Esse é meu terceiro ponto."

Não há como confirmar se ele estava se referindo a Confúcio e o citou à sua maneira. Porém, se olharmos para o que Karl Popper disse ao longo de sua carreira, podemos ver que essas ideias sempre estiveram presentes. Seja no Oriente ou no Ocidente, em todas as épocas, a verdade é uma só. Em um mundo em constante mudança, penso que seria uma boa ideia procurar, entre as chamadas verdades nos clássicos, as respostas para o desenvolvimento pessoal.

Um fator importante em meu desenvolvimento pessoal foi a paixão. E, procurando a fonte desse sentimento, encontrei-a no meu ambiente familiar, mas também nas histórias de "superação do impossível" ao longo dos tempos.

Diz-se que Gengis Khan removeu a parte traseira da armadura de sua cavalaria principal. A intenção era reduzir o peso para otimizar a mobilidade do cavalo. Além disso, ele também exerceu uma pressão silenciosa sobre os soldados, dizendo: "Se recuarmos, morreremos". Se Gengis Khan não tivesse o objetivo de unificar o continente chinês, teria sido capaz de cuidar até mesmo desses pequenos detalhes? O sonho dele criou a resposta.

Em 1453, o Império Bizantino foi conquistado e destruído pelo sultão Maomé II, e Constantinopla tornou-se a atual Istambul. Em um museu na Turquia, o navio exposto mostra que o exército islâmico atravessou a montanha carregando seus navios. Por conta da difícil geografia de Constantinopla, os soldados pegaram seus navios e cruzaram as montanhas. Quem poderia imaginar que algo assim seria possível?

Ao ver os resultados históricos, frutos da paixão por objetivos desafiadores, foi natural que eu acrescentasse isso à minha própria paixão. É o que me alimenta. Portanto, em vez de dar uma resposta superficial, dizendo que se deve viver com paixão para progredir na vida, recomendo especificamente que você não negligencie a aquisição do conhecimento e da percepção, que alimentarão sua paixão. Em particular, a história é um bem público que pode ser desfrutado por todos, independentemente da geração ou época.

Lee Byung-chul, fundador da Samsung, também tem uma história de desafios intermináveis, e os resultados dessa história deram origem à Samsung de hoje. Os frutos ao longo do tempo são sólidos. Portanto, eles não entram em colapso facilmente, e chamamos essa estabilidade resistente de força dos clássicos. As pessoas que têm esse poder enraizado conseguem encontrar as oportunidades certas para se desenvolver e dão o melhor nisso. Assim como, durante os exercícios físicos, os músculos se fortalecem quando usamos corretamente a força, na vida também é dessa forma.

**PENSAMENTO SISTÊMICO:
ENXERGANDO CONEXÕES**

Os músculos corretos só podem ser construídos quando a força correta é usada. Em termos mais técnicos, isso pode ser chamado de "pensamento sistêmico". O trabalho não se limita a mim, minha organização, minha equipe ou minha divisão de negócios, mas interage com outros departamentos, organizações e divisões relacionados, por isso é importante entender essas conexões. Em outras palavras, pensamento sistêmico é olhar para o quadro geral e aplicar a força exatamente onde ela é necessária. Vamos dar uma olhada no diagrama:

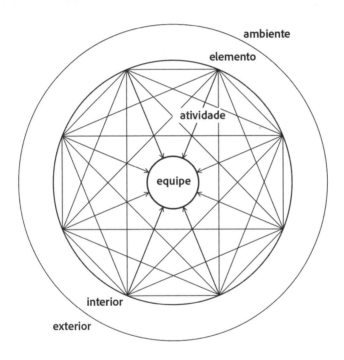

Elemento: inclui eu mesmo, outras pessoas relacionadas à minha organização e outros departamentos, como planejamento de produto, estratégia de tecnologia, desenvolvimento, fabricação, marketing, vendas, verificação, Customer Success, compras, entre outros.

Atividade: refere-se a tudo o que acontece na interação entre os elementos, como discussões de negócios e reuniões, ou qualquer outro processo diário de comunicação necessário para alcançar os objetivos.

Ambiente: refere-se ao interior e ao exterior da divisão de negócios. Devemos avaliar se podemos controlá-lo ou se há variáveis externas que influenciam nossas atividades. Em particular, clientes, parceiros, entre outros, podem ser vistos como parte do ambiente externo.

É provável que haja uma grande diferença de qualidade entre as pessoas que pensam no início e no fim do trabalho e aquelas que não o fazem. Se você compreender o quadro completo e conhecer as restrições e variáveis envolvidas, poderá antecipar se uma tarefa pode ser realizada internamente ou se precisará utilizar recursos externos. Repito: não podemos fazer tudo sozinhos.

A maneira de encontrar uma "resposta que não existe" é, em última análise, assumir desafios e acumular paixão e experiência por meio da leitura de clássicos, além de, evidentemente, ter uma visão ampla do trabalho utilizando o pensamento sistêmico.

28.
Como ter olhos para ler os tempos

> **Como desenvolver o poder de ler os tempos?**
>
> É sempre importante lembrar que o presente dá as mãos ao passado. Ler os tempos não é tarefa fácil. Quando me perguntam se eu também sou alguém que lê bem o tempo em que vivo, é difícil responder prontamente que sim. No entanto, ao encontrar exemplos de indivíduos vanguardistas, e de países e pessoas que ficaram para trás porque não conseguiam fazer isso, reflito sobre que tipo de pessoa realmente sou.

DIFERENÇAS NA DIVERSIDADE CRIAM DIFERENÇAS NO PODER

A primeira coisa que aprendi com a história e apliquei na minha vida organizacional foi abraçar a diversidade. Em 1492, Colombo chegou ao Novo Mundo da América. Originalmente italiano, iniciou uma viagem de descoberta com o apoio da Rainha Isabel da Espanha. Na verdade, a princípio, a Espanha hesitou em apoiar Colombo. Então, ele usou um truque: fingiu receber apoio de outro país, o que motivou a Espanha, que competia com outras nações europeias, a oferecer seu apoio.

Na verdade, acredito que essa foi a razão pela qual a Europa conseguiu se modernizar de maneira tão rápida. Em um ambiente de competição, em que os aventureiros podiam dizer "Se eu não conseguir apoio aqui, tento em outro lugar!", também é surpreendente que um italiano tenha buscado apoio da Espanha, e não de seu país de origem. Porém, dizer "Se não for aqui, será em outro país!" é uma prova de que existia diversidade naquela época.

Na verdade, quem deu início às grandes navegações foi a Dinastia Ming, cerca de noventa anos antes. E não apenas uma, mas sete vezes. De 1405 a 1433, durante o reinado do imperador Yongle, o eunuco muçulmano Zheng He visitou o Sudeste Asiático, a Índia, os países árabes, o Quênia e outros territórios. Mas, se a Dinastia Ming foi a pioneira, por que suas expedições foram consideradas apenas missões e, noventa anos depois, os países europeus competiram para iniciar as Grandes Navegações?

Acho que o motivo foi o retorno insuficiente em comparação com o investimento. Entre os países que Zheng He visitou na época, nenhum tinha cultura, civilização e recursos mais desenvolvidos do que a Dinastia Ming. Além disso, como não existiam países próximos com capacidade para lançar navios, não foi possível criar uma estrutura competitiva. E, como não conseguiram trazer nada de útil ao país, teria havido forte oposição dos ministros. Enquanto isso, com a morte de Zheng He, que navegou por mais dois mandatos depois do Imperador Yongle, a era de navegação da Dinastia Ming chegou ao fim. Depois, a China parou de construir grandes navios e perdeu seu poder marítimo. Por outro lado, as Grandes Navegações abriram-se na Europa à medida que vários países competitivos lançavam suas expedições.

Desde que me tornei executivo, sempre me interessei pela diversidade. Isso porque pensei que a razão pela qual as ações da Dinastia Ming e da Europa eram diferentes, embora tivessem a mesma tecnologia de navegação, era a diversidade. Assim, passamos a contratar pessoas das mais diversas áreas, independentemente da nacionalidade, com base apenas em suas capacidades. Concentrei meus esforços na criação de uma cultura organizacional que perdurasse mesmo depois de minha saída. A ideia era que, ao tornar a Samsung uma empresa global com sede na Coreia e ativa no cenário mundial, os funcionários trabalhassem com orgulho e a empresa fosse amada pelos consumidores de todo o mundo.

Uma das lições que aprendi com a história e coloco em prática hoje é que uma cultura que abraça a diversidade deve ser criada e difundida para garantir sua longevidade.

A CRENÇA OU OBSESSÃO DE QUE NÃO EXISTEM COINCIDÊNCIAS

Colombo só foi capaz de iniciar corajosamente sua viagem quando ainda não havia consenso de que a Terra era redonda porque ele já estava ciente da teoria proposta pelo geógrafo Toscanelli, em 1474. Além disso, também ganhou coragem porque ouvira do irmão, um cartógrafo, que a Terra era uma esfera. O desespero da Europa por especiarias também contribuiu, afinal, com a conquista do Império Bizantino por Maomé II, em 1453, houve uma interrupção no fornecimento de diversas especiarias que chegavam à Europa por meio da China e da Índia.

Devido a esses diversos fatores, Colombo pôde embarcar, sem medo, em sua longa expedição às Índias. Ele chegou ao que hoje é o continente americano, e não à

Índia, e isso deu início a uma série de novas expedições, oportunidades e desenvolvimentos. É claro que há controvérsias históricas até hoje, mas, se nos concentrarmos apenas no resultado em si, fica claro que se trata de uma conquista ocasionada pelo desafio.

Tal como as iniciativas de Colombo, nada acontece por acaso. Esta é a segunda verdade que aprendi com a história: se você se aprofundar e persistir, poderá avançar para o próximo nível.

Então, recomendo ler livros de história e simular a situação da época. Além disso, seria uma boa ideia imaginar: "E se algo assim acontecer na minha casa, na minha empresa ou no meu departamento, o que eu faria?". Nada exatamente igual acontece, mas coisas semelhantes se repetem ao redor do mundo.

Uma boa maneira é perguntar por quê. Esse questionamento desperta a curiosidade. Ser curioso significa estar disposto a se aprofundar. Se você se aprofundar, com certeza aprenderá alguma coisa.

À medida que se estabelece em sua área, você se torna um profissional. Para crescer assim, você deve adquirir uma ampla gama de experiências e vivenciar coisas diversas dentro de sua vida limitada, e a história é o melhor material neste caso. Ao desenvolver nossa capacidade de ler e aprender sobre os tempos, podemos, pelo menos, evitar ficar para trás.

CONGOJISHIN, ONGOJISHIN

Recentemente, um novo termo, *congojishin*, surgiu. Significa "conteúdo + *ongojishin*" e refere-se à estratégia de reviver conteúdos que eram populares há algumas décadas, por meio da remasterização, para gerar lucros e impacto no presente. É interessante como os tempos históricos que vivem dentro do conteúdo geram empatia.

Ler os tempos é uma tarefa extremamente difícil. Eu mesmo me avalio como alguém que, embora não completamente atrasado, está apenas na média ou um pouco acima dela quando se trata de ler os tempos. Mas isso se deve ao meu interesse contínuo pelas tendências da época, que, por sua vez, se deve à conexão e interesse que tenho, desde jovem, pelo estudo de caracteres chineses, de provérbios antigos e das histórias que servem de pano de fundo para eles.

Lembro-me de quando estava no quinto ano do ensino fundamental. Um dia, senti medo quando pensei: "Por que os humanos devem envelhecer, morrer e desaparecer deste mundo?". Eu era o mais novo de seis irmãos e, debaixo do cobertor, chorei muito, até sentir um estranho ressentimento em relação ao meu irmão mais velho. Onze anos nos separavam. Me senti injustiçado por ver meus pais já velhos, enquanto ele teve a oportunidade de conhecê-los quando ainda eram jovens.

Meu irmão poderia apenas ter rido, mas sentiu pena das minhas perguntas e me consolou.

Foi durante as férias do sexto ano, enquanto aprendia os caracteres chineses, que essas perguntas começaram a se organizar em minha mente. Os caracteres chineses, seculares, contêm filosofia, história, o universo, a vida e a morte, e a sabedoria dos ancestrais. Por meio deles, pude perceber como as pessoas deveriam viver e o caminho para uma vida boa.

O estudo dos caracteres chineses continuou até meu primeiro ano do ensino médio e, daí em diante, comecei a criar padrões para minha vida usando os provérbios chineses. Conforme me interessava pelos provérbios, aprendia naturalmente muitos ditados e absorvia a sabedoria deixada por nossos antepassados. Em particular, minha mãe usava muitas expressões antigas. Cada frase ficou gravada em meu coração e me desperta de tempos em tempos. Mais tarde, depois que descobri que fui o único entre meus irmãos a ouvir minha mãe dizer "Se, de dez filhos, apenas um se sair bem, já é o suficiente", percebi que essa era a expectativa de minha mãe para mim, e sempre tento viver de acordo com essas palavras.

Posteriormente, o interesse pelos caracteres chineses e pelas coisas antigas mudou para livros de história e romances históricos, que tiveram um enorme impacto em minha vida pessoal e profissional. Na verdade, no ambiente de trabalho, raramente há oportunidades para pensar: "Isso aconteceu no passado, e pode se repetir no futuro". Como todos estão ocupados, não trazem à tona histórias do passado, a menos que estejam diretamente relacionadas às tarefas imediatas. Porém, assim como precisamos entender nossa posição atual dentro do longo fluxo da história, é importante também saber como a história e seu fluxo estão relacionados ao ambiente de trabalho.

◉◉◉

Falamos sobre um novo termo, *congojishin*, mas estamos em uma era em que surgem inúmeros termos e conceitos novos, como blockchain e chatGPT. Vivemos em um mundo verdadeiramente difícil e assustador, e, se não tomarmos a iniciativa e nos prepararmos, ficaremos para trás. Portanto, é importante ter a capacidade de ler os tempos e, para isso, é fundamental estudar história. A história pode ser uma bússola a nos mostrar o caminho.

29.
Desenvolva o core da sua mente

Fico sempre frustrado com a privação relativa. O que devo fazer?

Você realmente sente inveja? Por que sente inveja? A privação relativa é um sentimento muito desagradável. Não importa em que posição você esteja, a privação relativa o torna pobre de espírito. Mesmo que seja rico e tenha uma fortuna de centenas de bilhões de wons, se você se sentir frustrado ao ver uma pessoa rica com trilhões de wons, você não é rico de verdade. E mesmo que tenha apenas mil wons no bolso, se consegue se sentir feliz com isso, então você é rico de verdade.

POR QUE É DIFÍCIL CONSTRUIR OS MÚSCULOS DO CORE

Quando praticamos exercícios físicos, sempre ouvimos falar da importância do core. "Você precisa fortalecer os músculos do core"; "A força do core é fundamental"; "O core precisa estar forte para que os outros músculos se fortaleçam". Ouvimos isso com frequência, mas a prática não é tão simples quanto a teoria. Se você não trabalhar duro todos os dias, tudo que construiu desmoronará em um instante. Leva muito tempo para construir músculos, e pouquíssimo para perdê-los. Contudo, uma vez firmemente estabelecido, o corpo, que tem sofrido aqui e ali, pouco a pouco se tornará saudável. Um core fortalecido é bom de várias maneiras. Mas por que esses músculos são os mais difíceis de construir?

Talvez devido às características dos próprios músculos, mas, acima de que tudo, acredito que o motivo seja o tempo relativamente longo até que os efeitos se tornem visíveis. Somos muito generosos conosco quando queremos procrastinar, mas, por incrível que pareça, queremos que os resultados do nosso pequeno esforço surjam da noite para o dia. É irônico. Por isso, costumamos exercitar mais os músculos do braço, onde podemos ver as mudanças após levantar halteres apenas algumas vezes, e ignoramos os exercícios do core, que exigem um longo período de esforço para produzir resultados.

Essa atitude seletiva não se aplica apenas aos esportes. Em grande medida, permeia todos os aspectos da vida pessoal e organizacional. Focamos em tarefas que nos destaquem e sejam visíveis em curto prazo, e evitamos aquelas que exigem paciência e tempo. É claro que não podemos criticar as pessoas por serem ambiciosas e escolherem apenas tarefas que demonstrem suas capacidades. Trata-se de definir uma meta e fazer escolhas alinhadas a elas. No entanto, precisamos considerar com seriedade se essas escolhas são realmente baseadas em um objetivo ou apenas em vaidade exibicionista. Se for o primeiro caso, algum dia os resultados virão, mas, se for o último, uma sensação de privação relativa tomará conta de nós em um curto período de tempo.

A IDENTIDADE DA PRIVAÇÃO RELATIVA

Esse sentimento de privação relativa é como uma névoa cheia de poeira fina. Vai lentamente corroendo seu corpo e acumula coisas ruins em seu coração. A maioria das pessoas recorre a compras e gastos excessivos como forma de aliviar sua privação relativa. É uma pena.

Esses tipos de gastos são considerados mimos. São gastos de conforto, movidos pelas emoções, mas é importante pensar quais deles realmente confortaram.

Na minha opinião, o título de "maior consumidor mundial de bens de luxo" não é algo de que se orgulhar. É muito lamentável que as pessoas fiquem frustradas e com inveja quando veem várias formas de ostentação nas redes sociais.

No início dos anos 2000, havia um artigo que começava com a suposição: "Como seria o mundo se fosse uma aldeia de cem pessoas?". Segundo o artigo, vinte em cada cem pessoas estariam sofrendo de desnutrição, uma estaria à beira da morte por fome, uma teria ensino superior, duas teriam computadores e outras vinte estariam enfrentando o medo de ataques aéreos, bombardeios e minas.

No entanto, poucas pessoas que leem este texto devem estar passando pela dor da desnutrição ou pelo medo de ataques aéreos, bombardeios ou minas. Não se trata de se consolar com a desgraça dos outros. Comparar-se com os outros e sentir-se privado ou superior é inútil. O importante é focar no "eu", e não nos "outros".

UMA MANEIRA SIMPLES DE CULTIVAR O CORE DA SUA MENTE

A maioria das pessoas provavelmente concordará com a afirmação anterior, em teoria. No entanto, há quem diga: "Eu sei, mas o que posso fazer se sinto privação quando vejo e ouço certas coisas?".

Eu entendo isso também. Sabemos que os músculos do core são importantes, mas é como se ignorássemos os exercícios para construí-los porque são difíceis. No entanto, nunca senti privação relativa em minha vida. Isso ocorre porque aprendi uma maneira de cultivar o core da minha mente.

Essa maneira é estudar caracteres chineses. Quando deixo de lado todas as outras coisas e olho apenas para os caracteres, respeito seu valor como herança cultural e simpatizo com a sabedoria milenar contida neles. Se você pesquisar em qualquer idioma do mundo, não será capaz de encontrar nenhum que condense um significado longo e profundo em algo como uma expressão idiomática. Deve ser uma característica linguística dos caracteres chineses. Fiquei fascinado por esse poder de compressão e expansão de significados, então estudei caracteres chineses, provérbios e expressões idiomáticas de quatro caracteres desde o ensino fundamental. Minha mãe me disse que queria que eu fosse bom não só na leitura, mas também na escrita, então desenvolvi o hábito de misturar caracteres chineses no dia a dia.

Só quando cheguei a certa idade percebi que estudar caracteres chineses era mais do que apenas aprender uma língua, era construir a essência da vida dentro de mim. Avaliando meu eu mais jovem, pensei: "Ah, o fato de eu ter pensado assim naquela época deve ter vindo da força interior que desenvolvi por meio de caracteres chineses, expressões idiomáticas e provérbios". Lembro-me de quando estava no sétimo ou oitavo ano. O banheiro da nossa casa era externo, e a privada era de chão, sem descarga. Era natural que os irmãos dormissem juntos em um quarto pequeno, e havia um grande balde na pia, porque, no inverno, era preciso quebrar o gelo para usar a água. Por ter nascido e crescido naquela casa, acreditava que todas as casas eram assim. Porém, quando visitei um amigo que morava em um apartamento em Yeouido, fiquei realmente chocado. Sim, o banheiro ficava dentro de casa e ainda por cima tinha água quente! O choque cultural foi gigante. Mas quando olhei ao redor da casa, três provérbios me vieram à mente: *jeolchatakma; jeolchibushim; mabujakchim*.[12]

---

12. "Cortar e lapidar; cerrar os dentes e corromper o coração; água mole em pedra dura." Os provérbios evidenciam a importância do esforço contínuo, da superação de sentimentos desagradáveis e da paciência no processo para atingir objetivos. [N.T.]

Naturalmente, eles podem ter vindo à mente porque eu estava imerso em provérbios naquela época, mas acredito que eles também evitaram que eu fosse consumido pelo sentimento de privação relativa. Na minha mente jovem, poderiam ter surgido pensamentos como: "Ah, estou com tanta inveja! Como eles podem viver tão bem? Será que ganharam dinheiro fazendo algo errado?". No entanto, acho que os provérbios que estudei ao longo dos anos bloquearam esses pensamentos e fortaleceram meu core mental. Ao voltar para casa naquele dia, refleti sobre os significados de *jeolchatakma*, *jeolchibushim* e *mabujakchim*. Eu disse para mim mesmo: "Quero que meus pais morem em uma casa com água quente. Eles vão morar em uma casa assim".

◎◎◎

Os caracteres chineses contêm vários significados. É por isso que recomendo estudá-los em vez de partir para métodos de meditação ou de autodesenvolvimento. Expandir sua gama de pensamentos, ou até mesmo aprender e compreender a língua coreana mais rapidamente, também pode depender de você conhecer caracteres chineses ou não.

Em outras palavras, nossos próprios pensamentos podem se tornar mais ricos. Eu diria que desenvolve a capacidade de aplicar a linguagem, e as instruções sobre o que fazer em determinadas situações surgem rapidamente. Quando se depara com uma situação difícil, quem pode responder mais rápido: uma pessoa que não tem nada ou alguém que consegue pensar em, pelo menos, uma expressão que se adapta à situação? Quem se lembra de provérbios antigos, que contêm milhares de anos de sabedoria e verdade, será o primeiro a agir. Avançar primeiro significa ter velocidade, que é o elemento mais necessário na vida organizacional.

Portanto, digo a todos que estão hesitando em estudar os caracteres chineses: comecem imediatamente. O charme desses caracteres é que, depois de conhecer dez palavras, você poderá aprender vinte frases derivadas delas. E se isso se acumular todos os dias, semanas e meses. Daqui a um ano você será diferente da pessoa que é agora. Pelo menos, a privação relativa que se manifestava todos os dias agora aparecerá uma vez por semana, depois uma vez a cada três meses. Já será um grande progresso.

Na minha experiência, não houve nada melhor do que estudar os caracteres chineses para desenvolver o core da minha mente. Espero que você experimente a diversidade que o profundo mundo da linguagem oferece.

30.
Descanso estratégico: descansar direito para trabalhar direito

Não sei descansar direito

O descanso é um momento de pausa no dia. Na verdade, não sei se eu sou a pessoa certa para falar sobre isso, porque me questiono se alguma vez descansei adequadamente desde os meus 20 anos. Eu descansei de verdade quando dei uma pausa na rotina agitada enquanto morava no Reino Unido. Mesmo assim, gostaria de falar sobre meu conceito de descanso.

DESCANSAR BEM TAMBÉM É AUTOGESTÃO

No final dos meus 30 anos, comecei a viver como expatriado no Reino Unido com minha família. E foi só quando fui para lá que pude experimentar o verdadeiro descanso. Morar no exterior era definitivamente menos agitado do que no meu país, e eu podia passar mais tempo com minha família, exceto quando chegavam clientes.

Tirando pequenas viagens de negócios e reuniões, eu conseguia jantar com a família uma ou duas vezes por semana e nos fins de semana. Pude fazer passeios de fins de semana, e pela primeira vez fomos juntos ao supermercado. Tudo isso foi descanso para mim.

A frase em inglês "have a break", que significa "faça uma pausa", contém a ideia de escapar da vida diária e mover os pensamentos e o corpo para outro lugar. Para mim, o dia a dia era trabalho, e o tempo com minha família era uma pausa. Nesses momentos, passando tempo com meus filhos, fazendo churrascos no jardim e conversando com minha esposa, finalmente senti e experimentei o descanso.

Durante as férias de verão, dirigi por todo o continente europeu em um carro com volante do lado direito, a que eu não estava acostumado. Lembro-me de rir enquanto comia *ramyeon* em uma parada em uma rodovia suíça, de ver diversas ruínas e paisagens com meus filhos... Não consigo dizer quanto fiquei feliz por passar um tempo com eles, que é a coisa mais preciosa para mim. Minhas lembranças dessa época permanecem entre as mais agradáveis. Parecia que eu estava experimentando o tempo de descanso que não tive aos 20 e 30 anos.

Na verdade, não houve descanso para mim antes disso. No máximo, alguns dias de férias de verão. No entanto, como não tinha paz de espírito, eu passava as férias pensando no trabalho, em vez de relaxar.

Naquela época, não havia semana de trabalho de cinco dias, e às vezes eu tinha que trabalhar aos sábados e até aos domingos. Antes de o sistema de trabalho de cinco dias ser estabelecido no setor financeiro, em 2002, todo dia era dia de trabalho. Mais tarde, quando cheguei aos 30 anos e me casei, comecei a pensar na palavra descanso. Procurei ficar com minha família pelo menos aos fins de semana e também comecei a pensar no equilíbrio entre vida pessoal e profissional. Porém, eu só visitava a casa dos meus pais ou dos meus sogros aos fins de semana, e não praticava hobbies ou atividades de lazer como hoje em dia. Então, não era um descanso de fato.

Depois da vida de expatriado no Reino Unido, onde realmente tive uma pequena pausa, voltei para a Coreia e enfrentei imediatamente a realidade de ter que focar no trabalho, como se todo aquele tempo tivesse sido um sonho. Nessa época, os feature phones cresciam rápido, então eu estava imerso no trabalho com meus colegas, e enterrado na programação de sempre: segunda, terça, quarta, quinta, sexta, sexta, sexta. Era um estilo de vida que eu já havia conhecido antes de ir para o Reino Unido, e sabia que teria que enfrentá-lo novamente quando voltasse para a Coreia, então não achei que seria difícil no início. Afinal, eu já sabia como era e estava preparado para isso.

Mas meu corpo não reagiu como eu esperava. Quatro meses após voltar para Coreia, simplesmente não aguentei mais, desabei, e perdi a audição do ouvido esquerdo. Desde então, sempre que não me sentia bem, eu fazia uma pausa. Não queria perder a audição do ouvido direito também.

◉ ◉ ◉

Percebi novamente a importância da saúde quando me tornei vice-presidente, em 2012. Fiz uma viagem de negócios aos Estados Unidos com meu chefe e, embora não achasse que estivesse cansado, dormi tanto que nem ouvi o despertador tocar. Foi a primeira vez que isso aconteceu. Além disso, a trava de segurança estava tão bem fechada que os seguranças do hotel precisaram arrombar a porta para entrar. Estava em um sono tão profundo que não ouvi nada. Quando acordei, já eram 10h30. Fiquei em choque e liguei para meu chefe. Quando vi sua expressão séria e a maçaneta quebrada, pensei: "Alguma coisa aconteceu". Senti um arrepio na espinha.

Mais tarde, descobri que ele viu que eu estava bem e dormindo, então me deixou descansar e foi sozinho para a reunião. Mais do que arrependimento e vergonha, o que eu senti foi medo da condição em que meu corpo estava. Nunca tinha perdido um alarme de despertador nem nunca tinha dormido daquela forma, então percebi que meu corpo estava me enviando um sinal.

A partir de então, durante as viagens de negócios, comecei a fazer pausas estratégicas sempre que sentia que meu corpo não estava bem. Naquela dia, fui encontrado respirando, mas fiquei com medo de não ter a mesma sorte na próxima. Mesmo que não fosse possível pausar por vários dias, eu tirava um dia, ou pelo menos metade de um dia, para descansar em casa. Para melhorar a qualidade do sono, comecei a fazer exames periódicos. Foi uma oportunidade para aprender com um grande erro. E também percebi a necessidade de um descanso estratégico. Descansar bem também é autogestão.

O VERDADEIRO DESCANSO É DESCANSAR O CORPO E A MENTE

Nosso corpo é como uma mola. Se a mola for puxada continuamente, ela perde a elasticidade e é difícil retornar à sua forma original. Nossa vida também é assim,

==seja no trabalho ou fora dele. Se a tensão e o estresse sem fim continuarem, será difícil recuperar sua forma original, como uma mola que perdeu a elasticidade.== Na verdade, não sabemos disso quando temos 20 ou 30 anos. No entanto, as coisas ruins que se acumularam no corpo irão "se vingar" de nós quando chegarmos aos 40 anos. Só quando perdi a audição percebi isso, e só quando vivi a experiência desesperadora de não conseguir acordar, é que aprendi.

No entanto, não me arrependo de minha paixão e esforços anteriores. É um fato imutável que aquele tempo me tornou quem sou hoje. E havia uma atmosfera e um ambiente que tornavam inevitável que as coisas corressem dessa forma. Portanto, fiz o que era certo e, mesmo hoje, faria igual. Ainda assim, lamento não ter cuidado da saúde e do corpo. É por isso que recomendo: descanse direito. Não esqueça que o descanso é só para você.

E mais uma coisa: gostaria de ressaltar que descanso não é só descansar o corpo, mas também a mente. Sem paz de espírito, suas ações serão pequenas. Já enfatizei isso repetidamente, mas, dentro da empresa, um sênior que merece ser respeitado é aquele que oferece insights, não se esquiva de tarefas difíceis, assume a liderança, tem pensamentos, ações e palavras sempre consistentes, é firme com os de cima e caloroso com os de baixo, e sempre resolve sabiamente as situações difíceis para seus subordinados. Todo esse tipo de consideração e iniciativa vem da paz de espírito, por isso enfatizo o descanso da mente.

Quando um líder demonstra sacrifício de forma consistente e lidera pelo exemplo, a confiança dos membros da equipe aumenta de maneira natural. Isso leva à "imersão" voluntária e ativa dos membros. Com base em minha experiência como líder, desde gerente até presidente, digo com confiança que liderar pelo exemplo e construir confiança são a força motriz por trás de todas as conquistas, e isso resulta no comprometimento dos membros.

31.
Direito ao sucesso: o significado da autoavaliação

> **Será que podemos exigir sacrifícios dos outros para alcançar o sucesso?**
>
> O sacrifício é inevitável em todos os assuntos humanos. Porém, os sacrifícios ocorrem de forma indireta ou como resultado, e não devem ser forçados para o sucesso de alguém. Mas há momentos em que os sacrifícios, inevitavelmente, ocorrem. Por isso é importante reconhecer e ser grato quando isso acontece.

QUANDO O SÊNIOR É INSUFICIENTE, OS JUNIORES SE SACRIFICAM

Alguns meses atrás, enquanto conversava com meu sobrinho, ele contou uma história surpreendente sobre meu pai, que faleceu em 2000. Meu pai faleceu antes de eu partir para o Reino Unido. Na época, os familiares se revezavam para cuidar dele no hospital, e parece que meu sobrinho o acompanhou por um tempo. Naquela época, meu pai lhe disse:

— Na nossa casa, de agora em diante, ninguém deve nem mesmo se tornar líder de apartamento. Seu tio vai fazer algo grande, então todo mundo tem que ter cuidado com tudo.

Meu sobrinho, que estava no segundo ano de faculdade, lembrou-se das palavras de incentivo do avô e me contou, vinte anos depois. Ele as interpretou da seguinte forma: "Ah, meu tio vai ascender a uma posição elevada, então meu avô está dizendo para eu nunca fazer nada que possa causar problemas a ele". E, por conta disso, meu sobrinho disse que nunca contou nem a seu melhor amigo que "o tio trabalha na Samsung". Foi a primeira vez que ouvi essa história. Só então percebi que minha família havia se sacrificado por mim.

Sacrifício pode ser definido como o ato de dar ou abrir mão da vida, dos bens ou da honra por um objeto ou pessoa. É um tanto trabalhoso projetar isso na vida profissional, mas vou dar alguns exemplos.

Talvez a forma mais comum de sacrifício em uma organização seja a revisão desnecessária e repetida de relatórios. Mesmo com a autoria de um superior ou sênior, geralmente são os funcionários juniores que criam e refinam a maior parte do conteúdo. Seniores que têm experiência e consideração não fazem muitas alterações nos relatórios feitos pelos subordinados. Porém, há chefes que deixam os subordinados completamente exaustos, pedindo que eles que consertem pequenos problemas várias vezes, mudando o fluxo de trabalho quando assim desejam e solicitando tantas mudanças que reescrevem o relatório.

Passei por muitos casos como esse durante meu tempo como subordinado. Então, quando me tornei líder, proibi essa prática. Não acho que criar um relatório em si seja um problema, porque uma empresa se comunica por meio de relatórios e toma decisões com base neles. O problema é quando um chefe ou superior não orienta adequadamente. Uma vez que o chefe tenha definido a linha e a direção do trabalho, cabe aos subordinados preencherem as lacunas com dados. No entanto, há alguns que dizem "se virem", e os subordinados não têm escolha a não ser fazer revisões sem fim.

No final, sem as devidas instruções, esse tipo de líder acaba sacrificando o tempo de seus subordinados, tornando seus esforços em vão e causando-lhes uma sensação de decepção. Aqui, os sacrifícios acabam sendo forçados, intencionalmente ou não. Todo mundo tem as mesmas 24 horas, então por que sacrificar o tempo dos outros? Em qualquer caso, o sacrifício não deve ser exigido ou forçado.

Se alguém alcançar o sucesso por meio do sacrifício dos outros, não será um sucesso verdadeiro, e uma hora será destruído. O verdadeiro sucesso só é alcançando quando passa por um processo adequado e, para isso, a autoavaliação contínua é necessária.

O SACRIFÍCIO NÃO PODE SER EXIGIDO OU FORÇADO

Claro, confesso que eu também sacrifiquei meus subordinados, mesmo que não fosse minha intenção. Para me justificar, não foi divertido para mim, no entanto, sacrifícios são sacrifícios. Desde o tempo em que fui diretor executivo até o período como presidente, a maior parte da minha vida corporativa consistiu em viagens de negócios ao exterior. Eu viajava cerca de 170 a 180 dias por ano, o que significa que passava mais tempo no exterior do que em casa. No setor de telefonia móvel, as vendas internacionais representavam mais de 90% do faturamento, então, de certa, forma foi natural.

Porém, só porque viajava muito, não significava que não tinha trabalho no meu país, então alguém precisou assumir minhas responsabilidades enquanto eu estava fora. É claro que, mesmo durante viagens de negócios, nos comunicamos por telefone ou e-mail para realizar o trabalho. No entanto, em reuniões importantes, meus subordinados tinham que comparecer em meu nome. Todos trabalhavam comigo havia mais de dez anos, então me conheciam melhor do que ninguém e, graças a isso, eu confiava neles de olhos fechados. Eles também se sacrificaram em silêncio e cuidaram do meu trabalho.

Na época, tentei esconder meu arrependimento, consolando-me com palavras como: "Eles aprenderão e crescerão mais sem mim!". Mas eu sabia, naquela época e agora, que sacrifício é sacrifício, não importa o disfarce. A sobrecarga de trabalho deve ter sido um fardo para eles. Gostaria de usar este espaço para expressar minha gratidão e pedir desculpas a todos os meus subordinados, especialmente C, que atualmente trabalha duro como vice-presidente.

Os sacrifícios que ocorrem dentro de uma organização podem, muitas vezes, ser evitados pelos seniores ou superiores, especialmente se forem problemas no processo. Se alguém estiver sobrecarregado, é possível redistribuir as tarefas. O importante é que, mesmo que o sacrifício seja inevitável, não deve ser imposto a ninguém.

Em particular, nunca devemos forçar alguém a se sacrificar para alcançarmos nosso próprio sucesso.

Não importa quanto você queira se destacar, o trabalho em uma empresa exige cooperação. Sem isso, a sustentabilidade e a qualidade não podem ser alcançadas. Uma das características das pessoas que trabalham como soldados solitários é que não reconhecem o trabalho árduo daqueles que se sacrificaram pelos outros. Muitas vezes, essas pessoas não têm consciência disso, e ninguém as alerta. Elas apenas acumulam uma má reputação dentro e fora da empresa.

É por isso que a vida organizacional é difícil. Mesmo sem querer e perceber, podemos nos tornar alguém que exige o sacrifício dos outros. No final, a única resposta é a autoavaliação constante. "A espiga de arroz, quanto mais carregada, mais se inclina." Para não nos tornarmos alguém que ignora o sacrifício dos outros e os faz de degraus, devemos ser como uma planta de arroz madura. Se tivermos no coração a humildade de reconhecer que não estamos sozinhos e que os outros também contribuíram, pelo menos evitaremos nos tornar pessoas insensíveis que avançam ignorando o sangue e as lágrimas dos outros.

A FORÇA DA FAMÍLIA

Não foram apenas os meus subordinados que se sacrificaram por mim no passado. Talvez minha família tenha se sacrificado ainda mais por mim, e em silêncio. Em particular, depois que regressei à Coreia, em 2006, passei os quinze anos seguintes viajando para o exterior, e minha esposa nunca me telefonou, ainda que eu passasse quase metade do ano fora de casa, exceto para avisar que nossos pais estavam com problemas de saúde. Além disso, quantas coisas não devem ter acontecido em casa? Acho que foi inteiramente o sacrifício dela que me permitiu me concentrar no trabalho sem saber nada sobre as dificuldades em casa. Sem esse sacrifício, eu provavelmente não faria tantas viagens. Agora, tento passar mais tempo com minha família, mas não acho que meus esforços compensarão tudo o que fizeram por mim. Falaremos sobre essa força a seguir.

32.
Família: fardo ou força?

A família é um fardo ou uma força?

A ideia de a família ser um fardo nunca passou pela minha cabeça, por isso não posso dizer que o seja ou, ao contrário, afirmar que é uma força. No entanto, posso compartilhar o que aprendi com base na minha experiência.

A ESSÊNCIA DO FARDO E DA FORÇA

Família significa os membros que constituem um lar. Sejam casados ou solteiros, todos têm uma família e um lar. Mesmo que vivamos sozinhos, em uma "família de uma pessoa" ou em um "lar de uma pessoa", todos vivemos em um lar. Um lar formado por familiares deve ser o refúgio emocional de alguém e uma fonte de energia para a vida. Em outras palavras, deve ser uma "força". Acontece que alguns membros da família podem se tornar um fardo, e talvez por isso surgiu a pergunta "A família é uma força ou um fardo?".

Agora que já falamos sobre o conceito e a definição de família e lar, pensemos sobre o "fardo". Por que um membro precioso e importante da família se torna um fardo? Podemos dividir a resposta em duas categorias: a emocional e a material. É comum vermos ao redor famílias brigando e se distanciando pela herança que os pais deixaram. Há pessoas que se machucam em brigas emocionais e acabam em relacionamentos piores do que com estranhos. Isso tudo é uma pena.

No meu caso, não recebi nenhuma herança material de meus pais, mas recebi uma grande riqueza emocional. Meu pai foi meu exemplo de diligência e sinceridade, e minha mãe me transmitiu sabedoria e consideração. Se algum dia eu encontrar meus pais em outro mundo, as palavras que quero ouvir são: "Meu caçula, você trabalhou duro! Você viveu bem! Estamos orgulhosos de você!". Talvez eu me preocupe em dar meu melhor em tudo porque desejo ouvir essas palavras no futuro.

Quando meus subordinados me perguntaram se a família era um fardo ou uma força, não questionei especificamente o porquê. A ideia de a família ser um fardo nunca tinha passado pela minha cabeça, por isso, não pude responder se era um fardo ou afirmar que era uma força. No entanto, presumi apenas que cada um deles tinha as próprias circunstâncias pessoais e que se tratava muito mais de um fardo material do que emocional. Depois de ouvir tantas histórias, comecei a pensar seriamente sobre essa questão.

"Já considerei minha família um fardo?"

Sem nenhuma dúvida ou mentira, esta é a conclusão a que cheguei. Poderia ter sido um fardo para outros, mas, para mim, era como um peso do treinamento. E não é porque eu tenho um coração mais generoso ou uma personalidade mais marcante do que os outros. No ambiente familiar onde cresci, aprendi que a família deveria estar unida e que deveríamos cuidar uns dos outros. Era uma realidade difícil e incômoda, mas pensava nela como um peso que um atleta usa para treinar. A realidade difícil e incômoda fortalece as pessoas e aumenta pouco a pouco seu tamanho. Em outras palavras, se é um fardo ou uma força, depende de como escolhemos encarar e superar a situação. Pelo menos, foi assim que eu escolhi encarar.

EXISTE UM LUGAR ONDE EU POSSA ME APOIAR?

Isso aconteceu quando eu tinha acabado de voltar do Reino Unido. Minha situação familiar tinha melhorado e meu rendimento era maior em comparação com quando era um novato, mas, em 1993, nos primeiros anos como gerente, as coisas ainda não iam bem. Eu trabalhava muito nessa época, indo e voltando do trabalho de ônibus, até que um dia meu terceiro irmão mais velho me ligou, pedindo que eu o encontrasse após o expediente. Eu fui, sem saber o que esperar, e meu irmão simplesmente me deu a chave de um carro:

— Você é gerente da Samsung, precisa de um carro!

Na época, meu irmão estava financeiramente bem e sabia que eu não tinha dinheiro para comprar um carro, então arranjou um carro usado para mim. Hoje a situação mudou um pouco e, ocasionalmente, eu que cuido desse irmão, mas acho que uma das razões pelas quais posso fazer isso é porque a emoção que senti quando recebi aquele carro sempre esteve comigo. Quando falo sobre isso com minha família, sempre rimos, dizendo como ele teve visão de longo prazo e fez o investimento certo. E, no final da história, a saudade e a gratidão continuam pelo meu pai, que faleceu cedo, e pela minha mãe, que faleceu há alguns anos.

Meu pai, que faleceu em 2000, aos 76 anos, e minha mãe, que viveu até os 91, ainda são meu maior apoio. Sou verdadeiramente grato por minha mãe ter falecido depois de ter visto eu me tornar presidente e CEO. Foi uma alegria ter conseguido mostrar que vivi de acordo com o que ela sempre dizia: "Se, de dez filhos, apenas um se sair bem, já é o suficiente". Aos meus irmãos mais velhos, que me agradecem por ter cuidado da aposentadoria da minha mãe e da minha irmã mais velha, que morava com ela, posso dizer: "Fico aliviado que um de nós pôde fazer isso. Sei que, se as condições tivessem permitido, qualquer um de nós teria feito o mesmo". Tudo isso se deve aos ensinamentos que recebi dos meus pais e às superações dentro da minha família desde a infância.

Na verdade, algumas pessoas podem pensar que a situação e as circunstâncias familiares são correntes que as prendem. E realmente existem casos assim. Mas, mesmo assim, família é família. Nossa mente é que decide se o peso que carregamos vai nos fortalecer ou nos afundar na areia movediça. O tempo passa e as circunstâncias mudam. É por isso que é importante ter uma visão de longo prazo e respirar fundo. Por que não acreditar que o fardo de hoje pode se tornar a força de amanhã? Claro, isso não pode ser forçado, mas se for possível mudar nossa perspectiva sobre a família apenas mudando nossa mentalidade, então já é o suficiente.

Muitas vezes, o único apoio emocional que temos neste mundo é a família. Mesmo que a gente falhe, cometa um erro ou tenha algum problema, a família estará a nosso lado. Além de dar e receber ajuda financeira, a família é a fonte da nossa estabilidade emocional. Para que a família seja esse apoio para nós, também precisamos ser esse apoio para ela. É por isso que digo que família é força. Minha família é minha força.

33.
Dez perguntas, dez respostas

> **Qual conselho guardar conosco?**
>
> Digo isso humildemente, como se o estivesse gravando numa lápide. Recebi muitas perguntas dos funcionários juniores. Por um lado, fiquei grato por ser quem poderia dar as respostas e, por outro lado, invejei os que fizeram as perguntas. Respondo desejando o melhor a vocês, que têm coragem, ousadia e paixão para perguntar.

DEZ HISTÓRIAS PARA VOCÊ QUE DESEJA ALCANÇAR SUCESSO POR MEIO DO TRABALHO

Acredito ter respondido suficientemente às diversas questões com base na minha experiência, mas vou resumir os pontos principais uma última vez.

1. Administre bem seu tempo

Todos nós temos as mesmas 24 horas. Acorde cedo, prepare-se para o dia e, já no trabalho, veja a lista de tarefas que você preparou no dia anterior e siga em frente de maneira planejada. Depois de meses ou anos praticando esse hábito, os resultados surgirão sem que você perceba. Você se tornará uma pessoa de destaque.

Além disso, lembre-se da importância da velocidade. A qualidade e a quantidade de trabalho podem ser complementadas com a ajuda de pares, seniores e juniores, mas a culpa é inteiramente sua se você for lento e perder o timing. Se focar na velocidade e se esforçar para aumentar a quantidade e a qualidade do trabalho, acabará matando dois coelhos com uma cajadada só.

2. Tenha uma vida simples e faça um esforço para economizar

Embora possa haver diferenças de pessoa para pessoa, se você não levar uma vida simples e desenvolver o hábito de poupar aos 20 anos, seu conceito de economia ficará vago. Se você ainda vive com a ajuda financeira de seus pais, também deve ter coragem de abandonar essa situação. Pensando no futuro depois dos 50 anos, reflita cuidadosamente se o conforto de hoje será duradouro ou se vai se tornar um problema. Ter uma vida simples e poupar dentro da sua faixa de renda é um processo essencial para a estabilidade financeira após os 40 e 50 anos.

3. Invista 10% de sua renda em sua saúde

O salário é uma compensação pelo seu trabalho e também uma compensação pela depreciação de seu corpo e mente. Portanto, você precisa reinvestir parte dele na manutenção e no desenvolvimento de sua saúde física e mental. Às vezes, é necessário fazer pausas para recarregar as energias e, se necessário, procurar atendimento médico. Espero que você não cometa o mesmo erro que eu cometi.

4. Aprofunde seus conhecimentos e desenvolva habilidades linguísticas

A especialização é a base para qualquer profissional, e excelentes habilidades linguísticas são o que o diferencia dos outros. Em particular, você precisa desenvolver as competências linguísticas de forma consistente, sem se cansar. Lembre-se de que esse é um cheque com juros compostos no seu bolso. Se tiver uma boa especialização e habilidades linguísticas, pode se tornar alguém que recebe os holofotes no centro do palco, em vez de alguém que fica sentado na plateia aplaudindo. Espero que você acredite e coloque isso em prática.

5. Escreva e pratique o que você deseja ser aos 30, 40 e 50 anos; depois, faça uma autoavaliação no fim de cada ano

Espero que você também desenhe o gráfico da sua vida, assim como eu fiz. Apenas anotar especificamente o que quer fazer já é um passo em direção à prática. Não adianta apenas pensar nisso. Você deve definir os KSFs (key success factor, ou fatores-chave de sucesso) que considera importantes e fazer um plano detalhado de implementação. Continue verificando e ajustando o cronograma e a realização de cada item. À medida que meses e anos se acumulam, suas habilidades aumentarão e você se tornará uma pessoa forte e capaz.

6. Não negligencie a leitura e não perca o interesse por outras áreas

Você também deve ler livros sobre áreas diferentes da sua. Como disse antes, recomendo aos engenheiros que se interessem por Humanidades e História, e às pessoas de outras áreas que leiam livros relacionados às áreas técnicas. À medida que seu escopo de conhecimento se expande, o escopo de suas conversas e a criatividade que você pode desenvolver também aumentam.

A razão pela qual enfatizo a leitura de livros de história é porque isso nos permite entender o fluxo dos tempos. A história, por meio de causa e efeito, nos ensina o que devemos evitar hoje. Ainda tenho orgulho de mim mesmo por ter me interessado por História na juventude sem o conselho de ninguém. Entre as melhores escolhas que fiz, ter estudado História é uma delas.

7. Faça um esforço para construir uma família saudável e um lar harmonioso

Na verdade, isso é algo que eu percebi muito tarde. Lamento tanto que gostaria de aconselhar os jovens desde já. Por muito tempo, foi responsabilidade da minha esposa cuidar dos filhos e da família. Como eu era obcecado pelo trabalho para cumprir minha promessa de que não teria que me preocupar com dinheiro depois dos 50 anos, não fui o melhor pai enquanto meus filhos cresciam. É mérito da minha esposa o fato de eu ter conseguido manter um bom relacionamento com meus filhos e criado um ambiente estável em casa. Agora tento passar o máximo de tempo possível com minha família. As videochamadas com meus filhos, que moram no exterior, são minha maior fonte de energia atualmente. Não importa quão bom você seja no trabalho, se seu lar não estiver em paz, sua vida não estará completa.

8. Não se acomode em seu país e tente morar no exterior quando possível

De fato, poucas pessoas têm a oportunidade de conhecer outros países a convite da empresa. Sabemos que estudar ou trabalhar no exterior por conta própria também não é fácil. Mesmo assim, recomendo fortemente que você se organize para fazer isso por cerca de um ano. Essa é a maneira mais rápida de se descobrir. É como um sapo no poço, se você se tornar acomodado à sua realidade, inevitavelmente terá uma perspectiva limitada e um pensamento tacanho. O termo "aldeia global" já se tornou muito maçante. Os peixes criados em um lago só crescem até um tamanho apropriado para aquele lago. Mesmo que possa crescer muito, ele só cresce até certo ponto. É assim que o mundo funciona. Mergulhe em uma cultura, idioma e ambiente completamente diferentes. Definitivamente aprenderá algo que será útil para sua vida.

9. Cuide de quem mais precisa e de quem tem menos do que você, e valorize seus juniores

Desde o início da vida profissional, você deve ter a mentalidade e o hábito de cuidar daqueles que mais precisam ou têm menos do que você. Se estiver difícil agora, não tem problema; o importante é ter a determinação de fazer isso algum dia. Pode ser no seu país ou em outro lugar do mundo. Você deve saber que a riqueza não fica, ela flui.

Além disso, embora você comece como júnior, é natural que um dia se torne sênior, portanto, deve sempre ter em mente o que pode fazer por aqueles que estão começando. Espero você seja para os seus juniores o sênior que gostaria de ter tido quando estava no lugar deles.

10. Só se vive uma vez. Viva uma vida maravilhosa com autoestima

A autoestima é a dignidade ou respeito de um indivíduo por si mesmo. Não importa se você cometer muitos erros agora. Aprenda com eles, e se tornarão a força motriz para o crescimento e o desenvolvimento. A autoestima não se desenvolve no processo de comparação com os outros, ela é formada e cultivada apenas por meio de preocupações, sofrimentos e reflexões pessoais. Aprender e praticar por meio da leitura e do convívio com pessoas boas é o que você, na faixa dos 20 e 30 anos, deve fazer para desenvolver a verdadeira autoestima. Ninguém vai dar isso a você. Não se esqueça de que você é quem deve cultivá-la.

◉◉◉

Só se vive uma vez. Há um ditado que muitos filósofos citam: *Memento Mori*, que significa lembrar-se de que um dia você irá morrer. A vida humana é valiosa porque é finita. Não deveríamos viver essa vida finita da melhor maneira possível?

Você pode ficar preso na correria da vida profissional. No entanto, olhe para si mesmo pelo menos uma vez por ano para ver se alcançou as metas que estabeleceu no fim do ano, se está crescendo como pessoa e também fazer planos para viver uma vida ainda melhor. Às vezes, as coisas não dão certo, e você fica triste porque não realizou nada grandioso. Mas o que você pode fazer? Isso é a vida. No entanto, pense nisso como parte do processo e fortaleça sua determinação para continuar seguindo em frente. Acredito que é assim que crescemos.

AGRADECIMENTOS

Nasci como o caçula de seis filhos de uma família extremamente comum de Seul. Era o início da década de 1960, então estávamos longe de ser ricos, e meus pais, preocupados com a possibilidade de meus cinco irmãos se machucarem enquanto brincavam na rua, construíram uma casa nos fundos do mercado Ahyeon-dong. Passei a infância em um ambiente rodeado por lojas, então sempre acordava de manhãzinha com som agitado que vinha de fora.

Talvez por causa das lembranças daquela época, quando sentia preguiça de trabalhar, eu ia ao Mercado de Namdaemun. Depois de ouvir os comerciantes gritando a plenos pulmões, observar as pessoas correndo para lá e para cá e comer um peixe-espada em um restaurante simples em um dos cantos do mercado, sentia como se meu corpo voltasse a ter energia. Pode-se dizer que ganhei força com um mercado extremamente vibrante.

Embora fôssemos pobres, o ambiente em casa era bom. Felizmente, meu pai era uma pessoa muito sincera e minha mãe era cheia de amor. Meu irmão mais velho, que tem onze anos a mais que eu, e os outros irmãos e irmãs sempre me amaram e cuidaram de mim, o caçula. Talvez graças a meus pais carinhosos, eu me dava bem com meus irmãos, por isso não me lembro de muitas brigas ou de mágoas ao longo da infância. Quatro irmãos viviam amontoados em um pequeno quarto, como naquelas cenas de dramas, e, no inverno, tinham que suportar o frio em um quarto coberto de gelo fino no chão. Porém, foi durante esse tempo que aprendi muitas coisas que se tornaram a base da vida.

Meu pai ia trabalhar de manhã cedo, quando todos estavam dormindo, sem reclamar; minha mãe, mesmo quando não tínhamos o que comer, ficava feliz em poder ajudar alguém que estava passando por momentos mais difíceis que nós; e meus irmãos praticavam a consideração e o respeito. Esse ambiente, naturalmente, me deu as qualidades básicas necessárias na sociedade, e acho que foi com essa força que consegui fazer meu melhor até hoje.

Se recebi ajuda de minha família enquanto crescia, no início da minha vida profissional, contei com a ajuda de inúmeros seniores e juniores. Teria sido insuportável sem eles. Se eu contasse sobre cada um, daria um livro inteiro. Principalmente desde que comecei a trabalhar em uma área completamente diferente, quando começaram a surgir os celulares e smartphones, não estive sozinho em nenhum momento.

Depois de voltar do Reino Unido, em 2006, fui responsável pelo planejamento de produtos na América do Norte, antes do advento dos smartphones. Embora tivesse algum conhecimento de software e hardware, não tinha familiaridade com design, então meu trabalho nos fins de semana era visitar empresas parceiras e estudar. As pessoas inicialmente achavam curioso, mas depois até mesmo os concorrentes acabaram me acolhendo. Os parceiros da Nokia e da Motorola compartilharam generosamente muitas informações comigo, exceto questões relacionadas à segurança.

Isso continuou mesmo na era dos smartphones. Estabelecendo fortes relações de cooperação com empresas globais de TI, como Google, Qualcomm, Microsoft, NVIDIA e Broadcom, bem como com empresas de telecomunicações e parceiros de negócios nacionais e estrangeiros. Mesmo nunca tendo desenvolvido nada, consegui me comunicar com desenvolvedores e continuar produzindo smartphones graças à ajuda de muitas pessoas.

Talvez tenha sido essa ajuda que me fez refletir sobre o passado e escrever este livro. Claro, fico preocupado de que minha história possa soar desatualizada ou desinteressante para a geração de hoje, mas, como alguém que viveu fielmente a vida, gostaria de partilhar uma confissão simples e honesta com aqueles que estão confusos e preocupados. Se este livro puder ajudá-lo, mesmo que só um pouquinho, já será o suficiente. Assim como meu presente é fruto de muita ajuda, eu também queria ajudar o próximo.

Agora estou me preparando para o segundo ato da minha vida. Gostaria de me comunicar com meus funcionários juniores na Samsung, bem como com os jovens que trabalham na Coreia e no exterior. Além disso, trabalharei como figura pública para ajudar a próxima geração a construir uma vida melhor. Espero que minhas experiências possam dar-lhes alguns pontos de referência.

Este livro só foi possível por conta da ajuda de várias pessoas. Gostaria de agradecer à minha sobrinha, a escritora Koh Young-ri, que transferiu meticulosamente as frases grosseiras escritas à mão para o Word e atualizou a linguagem para o estilo adequado. Também agradeço à editora-chefe da Minumsa, Kim Hye-won, que organizou o fluxo de perguntas e respostas em capítulos e subtítulos, para facilitar a leitura. Por fim, gostaria de dedicar este livro à minha esposa, que é minha eterna chefe e está salva como meu "tesouro número 1" no meu celular.

Este livro foi impresso pela Vozes, em 2025, para a HarperCollins Brasil.
O papel do miolo é Avena 70g/m², e o da capa é cartão 250g/m².